本书系山东省社会科学规划重大理论和现实问题专项"山东省农产品地理标志品牌高质量发展绩效路径研究"（批准号：21CCXJ14）成果

双驱动营销
激活经销商的核心策略

Dual Drive Marketing
The core strategy of activating dealers

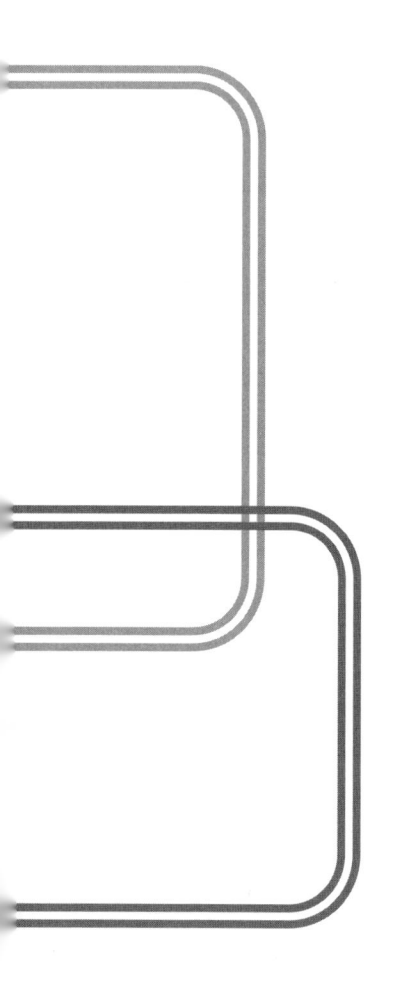

崔丙群　著

经济管理出版社
ECONOMY & MANAGEMENT PUBLISHING HOUSE

图书在版编目（CIP）数据

双驱动营销：激活经销商的核心策略/崔丙群著. —北京：经济管理出版社，2023.11
ISBN 978-7-5096-9449-7

Ⅰ.①双… Ⅱ.①崔… Ⅲ.①经销商—销售管理 Ⅳ.①F713.3

中国国家版本馆 CIP 数据核字（2023）第 224759 号

组稿编辑：杨　雪
责任编辑：杨　雪
助理编辑：王　蕾
责任印制：许　艳
责任校对：王淑卿

出版发行：经济管理出版社
　　　　（北京市海淀区北蜂窝 8 号中雅大厦 A 座 11 层　100038）
网　　址：www.E-mp.com.cn
电　　话：（010）51915602
印　　刷：北京晨旭印刷厂
经　　销：新华书店
开　　本：720mm×1000mm/16
印　　张：11.75
字　　数：204 千字
版　　次：2023 年 12 月第 1 版　2023 年 12 月第 1 次印刷
书　　号：ISBN 978-7-5096-9449-7
定　　价：79.00 元

·版权所有　翻印必究·
凡购本社图书，如有印装错误，由本社发行部负责调换。
联系地址：北京市海淀区北蜂窝 8 号中雅大厦 11 层
电话：（010）68022974　邮编：100038

前　言

随着国内市场经济不断发展，厂商竞争更加激烈。在 B2B 营销，尤其是在厂商是激励渠道经销商的营销实践中，作为两种重要的驱动因素，促销策略和关系营销策略（本书称双驱动营销策略）的应用越来越广泛。为了更好地理解中国环境下双驱动营销策略在经销商订货行为决策及厂商绩效中的重要作用，在社会交换理论的框架下，将代表"关系性"交换和"经济性"交换的双驱动营销策略——关系策略和促销策略同时引入本书进行研究，构建基于双驱动营销策略影响的经销商订货行为和厂商销售绩效模型，运用展望理论等行为决策理论和类达尔文"选择"理论的解释性范式进行分析，探寻双驱动营销策略下经销商订货行为反应以及对厂商长期销售绩效的驱动效果。本书以笔者熟知和深耕多年的中国建材行业为背景，以不同地区经销商的真实订货数据资料为基础，在前人对价格促销策略、关系营销、关系状态以及行为决策等研究的基础上，展开对以上问题的深入研究。

本书的主要创新点如下：

一是构建了基于双驱动营销策略的经销商订货行为模型，并以类达尔文"选择"理论的解释性范式进行分析。从长期策略和短期策略的整体视角来看，在社会交换理论框架下，引入关系策略和促销策略，在总结国内外有关价格促销策略和关系营销研究文献的基础上，以中国新型建材工业企业为背景，从经销商实施营销策略的 B2B 视角出发，构建了"双驱动营销策略下的经销商订货模型"，并通过概念模型构建和数据的实证检验，验证了针对经销商的双驱动营销策略的有效性，揭示了短期驱动的价格促销和长期驱动的关系这两个营销策略是怎样影响经销商的订货意愿、订货频率和订货批量等订货行为，进而又表现出怎样的订货模式，进一步研究并比较了关系驱动策略和促销驱动策略对厂商长期销售绩效影响的差异。

二是从营销实践提升对经销商订货行为分析进行"订货批次""订货批量"的分析，并进行了理论和实证研究。本书结合对37位厂商营销经理和92位经销商单位负责人的深度访谈，对经销商订货行为进行了"订货次数（订货批次）"和"单次订货量（订货批量）"这样的分解，为制造厂商有效分析价格促销策略的有效性，进一步利用经销商决策的"有限理性"，引导实现不同的促销目的，提供了有价值的理论和实证参考。

三是提出并验证了双驱动营销策略下经销商表现出订货行为差异所显示出的不同订货行为模式。本书研究结果显示，在奖励型促销期间，经销商倾向于采用大批量少批次进货方式；而在威胁型促销期间，经销商倾向于采取小批量多批次进货方式。同样地，本书研究结果还显示，与厂商关系越倾向于生人型关系的经销商越倾向于大批量少批次进货方式，而与厂商关系越倾向于家人型关系状态的经销商则倾向于小批量多批次进货方式。这一研究发现，对于厂商有效把握经销商行为模式反应，精准实施双驱动营销策略具有很大的启示。

本书研究结论表明：相对于威胁型促销，经销商更愿意在奖励型促销下决定订货并增加订货批量；而威胁型促销则会驱动经销商增加订货批次；该结论暗示了，在奖励型促销驱动下，经销商倾向于大批量少批次的集中进货方式；而在威胁型促销驱动下，经销商倾向于小批量多批次的频繁进货方式。返利作为B2B营销中一种特殊的策略，对经销商的各种订货行为都有积极影响。促销强度和返利任务量是否完成在促销策略对经销商订货行为的影响中都有显著的调节效应。关系营销策略（关系状态）对经销商的订货意愿、订货频率和订货批量都有显著的积极影响。与厂商越趋向于生人型关系的经销商对价格促销策略越敏感，显示了关系策略和促销策略在经销商订货行为影响中的交互作用。双驱动营销策略对厂商长期销售绩效都有积极影响，不过，返利策略的影响要好于促销策略，关系策略的影响好于价格策略。

本书的研究结论不但全面揭示了双驱动营销策略在经销商的订货意愿、订货频率和订货批量等订货行为上影响的本质，进一步揭示出经销商在营销策略驱动下形成的两种迥异的订货模式，还研究了双驱动营销策略的交互影响，以及其对厂商长期销售绩效的积极作用，并比较了关系策略和促销策略对厂商长期销售绩效影响的差异。研究结论解决了学术界对促销策略影响厂商绩效和中国市场上关系营销的作用等问题的疑问，不但对营销管理者们在中国市场上扩大销售和实施经销商管理具有重要的参考价值和启示意义，而且丰富了中国文化情境下的B2B价格促销和关系营销之间的关联研究，具有一定的理论价值。

崔丙群

2023年9月于山东农业大学

目　录

第一章　绪论 / 1
  第一节　研究背景 / 1
  第二节　研究目标 / 5
  第三节　研究方法和技术路线 / 5
    一、研究方法 / 5
    二、技术路线 / 6
  第四节　研究内容和结构安排 / 8
  第五节　研究的理论意义和实践价值 / 9
    一、理论意义 / 9
    二、实践价值 / 10

第二章　理论研究和文献综述 / 13
  第一节　社会交换理论与 B2B 营销 / 13
    一、两种交换形式的整合 / 14
    二、类达尔文"选择"理论 / 16
  第二节　价格促销策略理论 / 17
    一、价格促销概述 / 17
    二、基于消费者视角的价格促销策略 / 19
    三、基于经销商视角的价格促销策略 / 26
  第三节　关系营销策略理论 / 30
    一、关系 / 30
    二、关系营销 / 32

三、"差序格局" / 33

　　四、关系状态理论 / 34

第四节　行为决策理论 / 36

　　一、从期望效用理论到展望理论 / 36

　　二、展望理论 / 37

　　三、展望理论在国内外营销研究中的应用 / 41

第五节　本章小结 / 50

第三章　模型构建和假说形成 / 56

第一节　研究模型的构建 / 56

第二节　双驱动营销策略对经销商订货意愿影响的假说和模型 / 59

　　一、概述 / 59

　　二、价格促销策略对经销商订货意愿影响的假说 / 60

　　三、促销强度调节作用的假说 / 61

　　四、返利策略对经销商订货意愿影响的假说 / 62

　　五、关系策略对经销商订货意愿影响的假说 / 63

　　六、概念模型的形成 / 64

第三节　双驱动营销策略对经销商订货频率影响的假说和模型 / 65

　　一、概述 / 65

　　二、价格促销策略对经销商订货频率影响的假说 / 66

　　三、促销强度调节作用的假说 / 67

　　四、返利策略对经销商订货频率影响的假说 / 68

　　五、关系策略对经销商订购频率影响的假说 / 68

　　六、概念模型的形成 / 69

第四节　双驱动营销策略对经销商订货批量影响的假说和模型 / 70

　　一、概述 / 70

　　二、价格促销策略对经销商订货批量影响的假说 / 71

　　三、返利策略对经销商订货批量影响的假说 / 72

　　四、返利任务量完成的调节效应的假说 / 73

　　五、关系策略对经销商订货批量的影响 / 75

　　　　六、概念模型的形成 / 76

　　第五节　关系策略和促销策略交互效应的假说和模型 / 77

　　　　一、概述 / 77

　　　　二、假说形成和模型建立 / 78

　　第六节　双驱动营销策略对厂商长期销售绩效影响的假说和模型 / 80

　　　　一、概述 / 80

　　　　二、价格促销策略对厂商长期销售绩效影响的假说 / 81

　　　　三、返利策略对厂商长期销售绩效影响的假说 / 82

　　　　四、关系策略对厂商销售绩效影响的假说 / 83

　　　　五、双驱动策略对厂商长期销售绩效比较影响的假说 / 84

第四章　研究设计与方法 / 87

　　第一节　研究及统计方法 / 87

　　　　一、双驱动营销策略对经销商订货批次影响研究 / 88

　　　　二、双驱动营销策略对经销商订货批量影响研究 / 89

　　　　三、双驱动营销策略对厂商长期销售绩效的影响 / 90

　　第二节　数据样本与关系测量 / 91

　　　　一、数据样本的确定 / 91

　　　　二、关系问卷的设计与测量 / 93

　　第三节　数据的描述性统计 / 96

　　第四节　因变量 / 98

　　第五节　自变量 / 99

　　第六节　控制变量 / 100

第五章　数据分析与假设检验 / 102

　　第一节　双驱动营销策略影响的订货批次模型 / 103

　　　　一、双驱动营销策略影响经销商订货批次的假说检验 / 105

　　　　二、促销强度调节效应的假说检验 / 106

　　　　三、小结 / 108

　　第二节　双驱动营销策略影响的订货批量模型 / 109

　　　　一、双驱动营销策略影响经销商订货批量的假说检验 / 109

二、返利完成与否的调节效应的假说检验　/　112

　　三、关系驱动策略与促销驱动策略的交互效应的假说检验　/　114

　　四、小结　/　116

第三节　双驱动营销策略影响的厂商长期销售绩效模型　/　117

　　一、模型总结和假说检验　/　118

　　二、小结　/　119

第四节　结果汇总　/　120

第五节　结果讨论　/　121

　　一、促销策略与经销商订货行为　/　122

　　二、关系策略与经销商订货行为　/　124

　　三、关系策略与促销策略　/　125

　　四、返利完成与促销策略　/　127

　　五、双驱动策略与厂商长期销售绩效　/　129

第六章　研究结论及讨论　/　131

第一节　研究总结　/　131

第二节　创新点与学术贡献　/　135

第三节　营销实践建议　/　137

　　一、经济型驱动策略运用需"量体裁衣"　/　137

　　二、经销商面对双驱动营销策略会"适应性选择"　/　138

　　三、双驱动营销策略需"组合应用"　/　142

　　四、双驱动营销激活经销商务必"以商为本"　/　143

第四节　研究局限与未来展望　/　145

参考文献　/　147

第一章 绪论

第一节 研究背景

本书相关研究来源于营销实践，源自笔者多年企业营销实践中的疑问和思考。笔者曾在建材行业从事营销管理工作超过10年，在刚刚接管集团公司华北大区营销管理工作的时候，为了完成企业内部一项针对该地区直属经销商的营销策略规划的编制，曾对中国新型建材行业的37位制造厂商的营销总监（或销售经理）和92位经销商单位负责人进行了长达一年半的深度访谈。A建材公司的营销总监是笔者第一个访谈对象，在营销策略实施给经销商带来怎样的影响和策略效果方面他有诸多疑问。当问到"关于促销策略你最关注的是什么"的时候，他说："不管什么样的策略，作为营销实践者，我们更关注的是这种策略怎样影响经销商的行为，是更能有效驱动经销商的频繁订货还是快速大量订货，还有，我们其实更关心采取什么样的营销策略能帮助我们更好地增加企业绩效，不但达成营销目标，还有利于双方长期合作……"应当说，近十几年来，随着国内市场经济的不断发展和市场经济体制的不断完善，市场竞争更加激烈，各行业制造厂商在营销策略的运用上"八仙过海、各显神通"。不过，从那一段时期的深度访谈和从事企业营销管理工作十几年的实践来看，营销策略的驱动作用、实施效果和相互影响一直是实业界关注的重点，营销实践者也非常希望获得学术界有关理论和实证研究的支持。

关系营销策略作为企业营销实践中最常用、最有效的促销手段和营销组合中关键组成部分的促销策略，不但在消费者市场中的应用越来越多，在组织市场

（企业对企业，简称 B2B）中，也日益显示出其重要性。虽然，在过去二十年中，市场营销已发生了从契约型（交易驱动型）向关系型（关系驱动型）的转变，建立并维持长期的关系，已成为当代营销实务及营销科研的重点（Wathne and Heide，2006）。

价格促销策略在营销实践中的显著效果不但被实业界证实，该领域的研究多年来也一直都是国内外营销学者们的研究重点，大致分为 B2C 市场以消费者为视角和 B2B 市场以经销商为视角两个方面的研究。对消费者价格促销方面的研究文献十分丰富。近年来，有越来越多的学者针对制造商对经销商的价格促销做了一定的研究，但其关注点大多都在价格促销的短期驱动效果方面。从短期来看，价格促销作为一种有效的营销策略工具，确实起到了促进销售额增长的正面作用。例如，Srinivasan 等（2004）的研究显示，价格促销促成了制造商销售收入的增长；Bruno 等（2012）的研究指出，虽然各种促销都是有效的，但单位价格上涨和下降对客户订购行为的影响程度是不对称的。回顾基于消费者视角的价格促销研究，其研究重点相对集中在顾客对价格促销的反响、反应和价格促销对消费者购买行为决策的影响方面。但对于 B2B 市场中，客户对价格促销的反应，以及价格促销是如何影响客户订货行为决策的研究至今却很少发现，Cui 和 Chou（2016）运用展望理论对顾客面对不同促销策略时的频繁订购决策问题进行了理论研究。不过，Zhang 等（2014）总结了 B2B 市场和 B2C 市场在定价决策上的差异，指出，这些差异意味着相对于 B2C 市场，在 B2B 营销中，厂商能够更有效地理解客户的采购行为，并利用其发展出更加有效的定价模型以实现多样化的销售目标。因而，B2B 营销关系中的经销商行为更易受到厂商营销策略的明显影响。关系营销方面，正如庄贵军和席西民（2003）以及周筱莲等（2016）指出的：从概念上来说，关系营销在中国是"舶来品"，不过，从实践上来看，关系营销却是地道的"中国货"。费孝通（1993）提出的"差序格局"重要论述一直是华人社会学研究的重要理论基础，该理论指出：在中国文化下，"关系"实际上呈现出一种"以己为中心"由近及远的"差序格局"。杨国枢（1993）也指出中国人的关系是一种"以人伦为经，亲疏为纬"的人际网络。相较于西方国家，关系在中国人的经济交往中起着更为重要的作用。Zhuang 和 Zhou（2004）指出，在中国社会文化中，着重强调某个人在某种关系网络中所处的位置，并且，因为人的位置的不同而对对方采取的行为和对待的态度也各不相同。Tong 和 Yong（2014）也强调，在中国社会里，人与人之间的关系是促进圆滑商业关系、驱动双方交易的一项决定性要素，且会依据情况做出改变。Elmuti 和 Kathawala（2001）的研究也表明通过提供高效的反复交换和协同，关系能带给合作者经济上和操作经营上的优势，使保有原来的伙伴总是比吸引新的客户成本更低、更具经济效益。韩巍和席酉民（2001）认为，中国的"关系"成为一种人们之间相互信任和合作的资源，也是人们参与社会和经济活动的一条便捷路径。

那么，在中国市场背景下的 B2B 市场中，厂商促销和关系这两种不同的营销策略，到底会对经销商的订货行为有何驱动影响？其驱动效果有何差异？在深度访谈中，笔者发现，很多营销管理者对营销策略的关注重点确实是在经销商的行为反应方面，在分析营销策略时往往是将经销商的行为分解为"订货批次"和"订货批量"来进行的。例如，在对一家制造商企业 B 建材集团公司的营销总监吴总进行访谈的时候，每次笔者提到有关价格促销对经销商的影响，他总会不自觉地说"某某策略看起来在促销期间内确实是增加了经销商的订货次数""经过统计，某某促销策略让经销商的订货批量明显增加"等类似的分析语言，C 建材集团公司的营销总监王经理在协助笔者收集整理研究数据的过程中，也曾经给笔者一个企业内部对价格促销效果的统计表格，其中，也明确列出了经销商在每次促销阶段内的"订单量（订货批次）"和"订货批量"的对照。这给本书深入分析营销驱动策略对经销商行为反应的影响提供了非常重要的研究方向。

另外，从长期效用来看，价格促销和关系营销作为两种营销驱动策略，到底是不是真正具有市场价值呢？或者说，到底如何才能让这两种驱动策略对厂商绩效产生长期的正面驱动效应？有研究证实了实施价格促销可带来长期的效用增加。比如，Ailawadi 和 Neslin（1998）的研究指出，价格促销不仅对短期销售具有加速作用，从长期效果来看，同样具备这样的影响；Ailawadi 等（2007）的研究则分解了价格促销引发的囤货行为对销售造成的影响，他们发现虽然囤货行为触发了提前购买，将未来销售量转移到当前，但仍可以对未来的销售造成正面的影响，这种影响可能来源于顾客的重复购买以及囤货行为增加的额外库存造成的对竞争对手的排挤作用，这些影响足以抵消消费者囤货行为带来的负面影响。梁冬寒等（2012）研究了实施价格促销前后供应链的上游和下游企业的利润分配格局，从企业所获利润来看，制造商所获利润明显高于零售商，而价格促销对供应链上的利润分配并没有产生太大的影响作用。不过，也有部分学者对价格促销的长期效果持负面观点，他们指出，由于可能带来的提前订购、囤货行为和后续价格竞争等，价格促销存在一定的负效应。例如，Mela 等（1997）的研究表明，长期的价格促销，其效果是边际递减的，同时会增加顾客的价格敏感度并损害品牌忠诚；Neslin 等（1995）的研究认为，存货效应触发了提前购买，使经销商以更低的价格完成本来应当获得的销售量，造成促销产品利润率的下降；Bell 等（2002）的研究认为，价格促销带来了经销商之间更激烈的价格竞争，造成促销强度的增加和频率的上升，最终损害厂商的利益。还有一些学者对价格促销策略的影响持中立态度，有研究指出，实施价格策略在某些时候能对产品起正相关作用，但在一些时候也可能产生负面的不利影响。从当前研究的梳理来看，价格促销的长期驱动效用始终没有一个确定的结论。相对于 B2B 市场上对经销商的价格促销在营销实践中已经被广泛应用的实际情况，这方面的学术研究却没有得到营销学者们应有的重视，亟待加强。同时，我们不禁在想，价格促销的长期效用研究得出的结论之所以有正有反，是不是跟合作双方的"关系"有关？厂商的关系驱动策略是不是也会对促销驱动策略的长期效用起到一定的影响？更进一步，我们为何不同时引入价格促销和关系这两种驱动因素来研究经销商的订货行为？

带着上述思考，本书在社会交换理论的框架下，将代表"关系性"交换和"经济性"交换的两种营销驱动策略——关系策略和促销策略，同时引入 B2B 营销交换关系研究，构建基于双驱动营销策略的经销商订货行为和厂商销售绩效模型，运用展望理论等行为决策理论和 Eyuboglu 和 Buja（2007）提出的类达尔文"选择"理论的解释性范式进行分析，探寻双驱动营销策略下经销商订货行为反应以及对厂商长期销售绩效的驱动效果。本书以笔者熟知和深耕的中国新型建材行业为背景，以不同地区的经销商真实订货数据为基础，在前人对价格促销策略、关系、关系营销以及关系状态研究的基础上，展开对以上问题的探究，以此丰富中国文化情境下的 B2B 价格促销和关系营销以及两种营销驱动策略之间的关联度的研究，期望能够对我国乃至世界的建材行业和其他相关行业带来有价值的参考。

第二节 研究目标

通过研究背景发现，在 B2B 营销关系中，从商业关系中的互动视角来看，作为营销关系核心"交换"的两种基本形式——"经济性"交换和"关系性"交换，相互影响、交互驱动，"促销策略"和"关系策略"作为最典型的两种营销交换策略，在营销关系中的重要驱动作用至关重要，无法忽视任何一个。因此，着眼 B2B 市场研究领域，从中国市场情境下独特的关系营销视角切入，从关系驱动和价格促销驱动两种营销策略入手，构建基于双驱动营销策略的经销商订货行为和厂商绩效模型，是本书研究的重点。具体研究目标确定如下：

第一，在社会交换理论的框架下，从营销驱动策略的整体视角，引入关系营销和价格促销两种营销驱动策略，分析其对经销商订货行为和厂商绩效的影响，构建基于双驱动营销策略的经销商订货模型。

第二，从营销实践的调研分析中，提出对经销商订货行为进行"订货批次"和"订货批量"的分析，并进行理论和实证研究。

第三，实证检验中国市场 B2B 价格促销策略中的"促销强度""返利任务是否完成"等驱动因素在不同类型的价格策略对经销商订货行为影响中的调节作用。

第四，根据理论分析，提出并验证双驱动营销策略下经销商表现出不同的订货行为差异进而显示出的不同订货行为模式。

第五，提出并验证中国市场的 B2B 营销情境下，关系营销策略对经销商订货行为和绩效的影响，验证"差序格局"文化影响下的中国 B2B 营销交换关系的特殊性。

第六，比较研究双驱动营销策略对厂商长期销售绩效的影响。

第三节 研究方法和技术路线

一、研究方法

从研究的论证方法来看，管理学的研究方法可分为两大类：实证研究与理论研究。理论研究是一种思维演绎的方法，实证研究则是一种逻辑思维归纳的方法；理论研究需要从已知的法则和理论推导出原创性的公理或命题，实证研究则需要观察事实，然后从逻辑上归纳事实现象所呈现出来的规律，通过对现象的描述和解释概括出最终的理论推导，并进行假说验证。本书采用理论与实证相结合的方式进行。

在理论研究方面，本书系统、全面地查找和整理国内外关于展望理论、价格促销理论、关系营销理论等相关的理论，查找不足和缺陷，找到较好的切入点，在对相关文献进行整理的基础上构建本书研究的理论基础；本书通过系统地查找、阅读国内外关于促销激励、交换关系、行为研究、销售绩效等方面的相关文献，在理论和营销实践相结合的基础上提出相关假说。同时，本书通过各种方式对文献进行梳理和整理，找出它们之间的内在联系，能够真正做到分析、总结、吸收这些研究成果的精髓，找出过去研究中存在的不足和进一步研究的方向。主要期刊包括 Journal of Marketing、Journal of Retailing、Journal of Marketing Research、Marketing Science 等。实证分析是进行假说检验的有效工具，是从现实出发，通过各种调查获取所需数据，本书使用 R 语言对数据进行处理和分析，研究变量之间的关系，从而得到被研究对象之间的演变规律。

本书通过深度访谈、预测调查以及获取中国建材行业某集团公司内部原始销售数据和经销商进货数据、营业额数据等方式取得研究所需数据。①样本设计。本书选取中国新型建材行业的制造商和经销商作为研究样本，针对我国经济发展可能存在区域和亚文化等差异性，计划把验证性因子分析的样本数据收集范围设在某国内新型建材集团公司所属的经销商和销售经理，地区范围计划设在中国西南地区的四川、重庆和华北地区的北京、天津、河北、内蒙古等省、自治区、直辖市，平衡区域经济和亚文化等的差异带来的影响，增强样本的代表性。②数据处理和统计分析。对于收集到的大量数据，本书利用 R 语言对数据进行处理和统计分析。同时，根据研究设计需要，在对假说进行检验时将会涉及的统计方法包括相关分析、回归分析、判别分析、对应分析和结构方程模型等统计技术。

二、技术路线

本书研究遵循如下技术路线进行推进：第一部分，根据营销实践和文献搜索，提出研究问题，明确研究主题；第二部分，广泛搜索和阅读国内外相关文献，对文献进行归纳总结，为研究做好理论基础的整理；第三部分，将营销实践和文献理论相结合，提出研究假说；第四部分，对本书研究进行设计和数据整理与测量；第五部分，对本书提出的假说模型进行实证检验；第六部分，对本书研究展开总结和讨论，并根据研究结论提出营销实践建议和未来研究方向。本书研究的技术路线如图1-1所示。

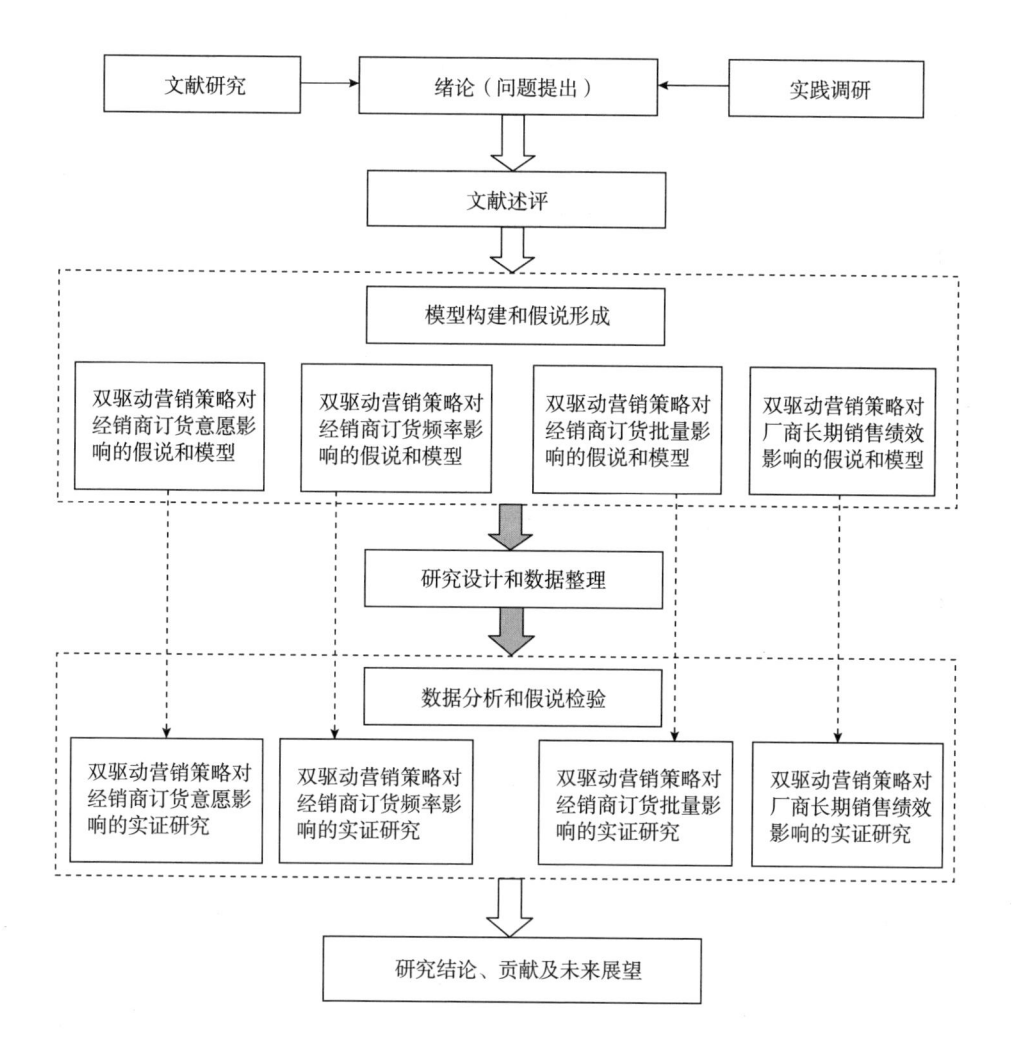

图 1-1 本书研究的技术路线

第四节　研究内容和结构安排

第一章：绪论。从营销工作实践中长期的深度访谈调研思考，并结合大量文献研究提炼出本书所要研究的问题，分析该领域已取得的重要研究成果，过去做了哪些研究、还存在哪些不足和需要进一步研究的地方，进而拓展现有研究成果。同时，根据研究步骤，介绍本书的研究目标、研究方法、技术路线和结构安排以及本书的理论和实际意义等内容。

第二章：理论研究和文献综述。通过相关文献检索工具，对国内外的相关文献进行收集、整理和梳理，对本书涉及的社会交换理论、类达尔文"选择"理论、价格促销理论、关系营销理论、关系状态理论、行为决策理论以及展望理论等几个主要理论进行综述，为本书研究的前瞻性和创新性提供坚实的理论支撑，为研究模型的建立和假说形成提供充分的理论基础。

第三章：模型构建和假说形成。根据对以往研究成果的梳理，按照国外著名学者对关系交换和经济交换的界定，将关系驱动的营销策略和价格促销驱动的营销策略引入进来，从三种价格驱动策略（奖励型促销、威胁型促销、返利策略）和关系状态角度提出经销商对双驱动营销策略反应的订货行为模型，推演出本书研究的假说，并对模型进行比较。本书提出的模型和假说：①双驱动营销策略对经销商订货意愿影响的模型和假说；②双驱动营销策略对经销商订货频率影响的模型和假说；③双驱动营销策略对经销商订货批量影响的模型和假说；④双驱动营销策略对厂商长期销售绩效影响的模型和假说。

第四章：研究设计与方法。根据理论模型和提出的假说，讨论研究中可能用到的研究方法，对研究的量表进行设计与开发，确定抽样区域、抽样规模和抽样对象，实施数据收集，对数据进行整理，对量表和模型进行有效性检验。

第五章：数据分析与假设检验。根据前文提出的各种假说，展开统计检验，并对相关假说检验的结果进行汇总分析，对本书研究结论给营销实业者们带来的一些启示和建议进行专门讨论。

第六章：研究结论及讨论。总结并讨论本书的相关假说检验结果，对本书研究的成果进行总结；阐述本书的创新性和学术贡献，以及研究结论对管理和营销实践带来的启示和建议；同时，对本书研究的局限性和不足进行总结，并展望未来可能的研究方向。

第五节　研究的理论意义和实践价值

一、理论意义

本书着眼 B2B 市场研究领域，从经销商价格促销的视角和中国市场情境下独特的关系营销视角切入，从长期策略和短期策略的整体角度，全面、完整地对经销商订货行为模式进行分解分析，构建框架模型。在社会交换理论的框架下，将代表"关系性"交换和"经济性"交换的两种营销策略——关系驱动营销策略和促销驱动营销策略，同时引入 B2B 营销交换关系研究，构建了基于双驱动营销策略影响下的经销商订货行为模型和厂商销售绩效模型。

首先，本书全面完整地揭示了双驱动营销策略是怎样影响经销商的订货意愿、订货频率和订货批量等订货行为的。通过数据分析和实证检验，给予理论研究以有力的实证支持。此外，研究结论还显示了双驱动营销策略影响经销商的订货行为，进而暗示了经销商在策略驱动下表现出的"大批量少批次的集中订货"和"小批量多批次的频繁订货"的两种不同的订货行为模式。

其次，本书进一步分析了双驱动营销策略对厂商长期销售绩效的积极作用，并比较了关系驱动策略和促销驱动策略对厂商长期销售绩效影响的差异。在总结国内外有关价格促销策略和关系营销研究文献的基础上，以中国新型建材工业企业为背景，通过概念模型构建和数据的实证检验，揭示了短期驱动的价格促销和长期驱动的关系这两个营销策略是怎样影响经销商的订货意愿、订货频率和订货批量等行为的，又进一步研究了双驱动营销策略是如何影响厂商的销售绩效，并比较了关系驱动策略和促销驱动策略对厂商长期销售绩效影响的差异。

再次，本书从营销实践提升出对经销商订货行为进行"订货频率"和"订货批量"的分析，并进行了理论和实证研究，实证检验了促销强度、返利等驱动因素的调节作用。本书研究发现的"促销强度对促销策略的调节效应"这一结论，给予 DelVecchio 等（2007）的研究有力的实证支持。同时，也验证了 DelVecchio 等（2006）对促销强度（促销利益水平）的研究结论。本书研究还发现，返利任务完成与否在威胁型价格促销对经销商订货行为的影响方面有显著的调节效应，在返利比例对经销商订货量的影响方面也有着非常明显的调节效应。这说明返利策略作为一种有效的价格激励方式，对经销商的订货行为起到明显的效果。此外，本书提出并验证了双驱动营销策略下经销商表现出的订货行为差异所显示出的不同订货模式差异。本书研究显示，在奖励型促销期间，经销商倾向于大批量少批次进货方式；而在威胁型促销期间，经销商倾向于小批量多批次进货方式。同样地，研究结果意味着与厂商关系表现为生人型关系的经销商倾向于大批量少批次进货方式，而家人型关系状态的经销商则倾向于小批量多批次进货方式。这一研究发现对于厂商有效把握经销商行为模式反应、精准实施双驱动营销策略具有很大启示。

最后，本书提出并验证了中国市场情境下关系营销策略对经销商订货行为的影响。根据文献研究的回顾，本书提出关系营销在中国情境下的 B2B 营销研究中有其更加独特和重要的价值。本书研究显示，关系状态对经销商的订货意愿、订货频率和订货批量都有显著影响，验证了"差序格局"文化影响下的中国 B2B 营销关系的特殊性，比较研究了双驱动营销策略对厂商长期销售绩效的影响。以往研究文献中，对于价格促销对厂商长期销售绩效的影响存在不同的观点，是没有一个统一的结论的。本书研究显示，双驱动营销策略中不管是短期驱动的价格促销和返利水平，还是长期驱动的关系营销，都对经销商的总进货额存在积极影响，对厂商长期销售绩效有正面作用。同时，研究也验证了作为长期驱动因素的关系状态对厂商销售绩效的影响要强于短期驱动的价格促销策略。本书的研究结论解决了学术界对促销策略影响厂商绩效和中国市场上关系营销的作用等问题的疑问，丰富了中国文化情境下的 B2B 价格促销和关系营销之间的关联研究，具有一定的理论价值。

二、实践价值

任何企业都希望跟合作商保持长久合作和可持续的和谐关系以实现双赢，然而在实际管理实践中,并不尽如人意。本书研究揭示了经销商面对不同的价格策略时会表现出不同的订货行为,从而会形成迥异的订货模式,这对企业管理者根据经销商的具体情况采取更为有效的价格策略提供了更为有效的参考。同时,返利策略对经销商的订货批量有显著的正向影响,启示企业管理者应当针对尽可能多的经销商设计返利策略;但针对不同经销商的不同返利比例和不同任务量对订货批量的影响也不相同,这也启示企业管理者,设计合理的返利比例和任务量至关重要。

根据本书的研究结论,开展厂商针对经销商的关系营销和价格促销,以此驱动厂商营销关系的和谐,有效提升厂商的竞争力,具有非常重要的现实意义和实践价值。

(1)制造厂商通过采取不同类型的价格促销驱动策略,达成激励经销商进货、影响经销商订货行为,起到短期驱动订货的目的。制造厂商可根据自身的实际发展状况,实施多种类型的促销组合,对每次促销的宗旨等进行明确,从而实施不同的价格促销策略。

(2)随着竞争加剧和对经销商促销的实施,厂商要对价格促销的频率和实施时间等进行准确把握,长时间不开展促销活动,给商品的销售会带来一定的负面影响,但是价格促销频率太多、促销活动开展次数太多,会使经销商产生一种"促销依赖"心理,经销商会等着商品开展促销活动的时候再购买,因而会对品牌的价值和产品的定位等产生不利的影响;而对制造商企业而言,促销的好处将会付诸东流,因为这样会导致公司的利润白白流失掉。

(3)实施"因地制宜"的针对性价格促销更能有效发挥其驱动效果,同时驱动营销关系的持续。比如,由于地理位置不同,各个地区对产品的需求也不同,经销商的营销能力、仓储大小和订货习惯等也不同,因此,对不同地区,不同的经销商就不能实施同一种价格营销策略,要对不同地位和不同的经销商实施差异化的价格营销策略,倘若不能根据各地的实际情况来开展营销,那么所推出的价格营销策略将发挥不出应有的效果,同时企业的利润就要大打折扣,因此价格营销的目的就不能有效实现。

(4)重视关系营销驱动策略,对厂商关系实现"长期驱动"和合作共赢。制造商企业在实施价格营销策略的时候,要强化和经销商之间的沟通协商,把经销商当"自己人"对待，从而，多渠道获取一些建议和意见，最终实现双赢的局面。在对经销商开展的价格策略中，可以和对消费者开展的价格营销做到有机结合、相互配合，不但驱动经销商更多地订货，还能激励经销商加大推广厂商产品的力度，真正达到驱动目的，既能使制造厂商真正提高销售量，又能让经销商的利润获得提高。另外，针对经销商产品订购、推广配合及产品售后的全面跟踪服务，对经销商诉求的快速满意处理等都是提高经销商忠诚度、有效实施关系营销策略的重要方面。

（5）长远谋划，注重实现促销和关系的"双驱动"。本书认为，不管是促销驱动的营销策略还是关系驱动的营销策略，作为B2B营销关系中短期激励和长期驱动的有效工具，都不可或缺，必须有效结合。中国文化不同于西方，作为社会活动重要组成部分的企业营销渠道管理，根植于中国文化，具有中国特色。不管是企业跟经销商的关系，还是企业边际人员[①]跟经销商的跨组织关系，对于双方合作都有非常重要的影响。作为渠道关系管理的重要组成部分，经销商是企业整个渠道生态系统的重要一员，双方关系至关重要，要求企业必须重视。一旦企业跟经销商之间建立起了亲密稳固的合作关系，经销商对企业的忠诚度就会逐步提高，就会让经销商的订购决策向着更有利于企业以及双方合作的方向发展。在实施价格促销这种短期策略的时候，不但要根据实际情况动态设计相应的策略方式，还要注意关系营销这个长期策略的结合运用，只有这样，才能真正体现对厂商合作关系的"双驱动"，既达到短期刺激订货、增加销售的目的，又能从长远角度提高厂商绩效、提升双方合作水平，实现厂商长期合作共赢。

---

① 企业边际人员指企业中跟经销商直接接触的营销人员、服务人员等。

第二章 理论研究和文献综述

Hunt（1983）指出"营销学的基本问题就是交换关系"。不论是在营销实践还是学术研究上，交换是营销学的核心概念这一观点已被广为认同。根据社会交换理论（Social Exchange Theory）的重要论述，交换又可以分为交易型（经济性）交换和关系型（非经济性）交换。代表关系型交换的关系营销策略和代表经济型交换的价格促销策略正是两种交换形式在厂商营销关系领域的反映。围绕着双方的交换关系，双驱动营销策略都会给经销商带来不同的利益感知，从而引起经销商不同的订货行为决策反应。行为决策理论，尤其是作为现代行为决策研究领域最具代表性理论的展望理论，则给经销商面对不同的营销驱动策略作出的有明显差异的订货行为决策背后的机制提供了有力的解释。本章文献回顾和理论研究的内容，将从对社会交换理论的回顾开始，从交换的两种基本形式，到解释营销关系的一种新范式——类达尔文"选择"理论的介绍，对两种交换形式在厂商关系中反映的两种驱动策略——价格促销和关系营销相关的理论和文献进行全面的回顾，对行为决策理论以及展望理论进行研究和述评，从而为本书研究较好地构建概念框架和理论模型提供全面翔实的理论支持。

第一节 社会交换理论与 B2B 营销

社会交换理论，作为"行为研究最古老和最具影响力的理论之一"，已被广泛应用于诸多跨学科领域的研究。根据本书的文献回顾，从营销学研究的历史来看，Kotler（1972）、Bagozzi（1975）和 Hunt（1976）及其以后的研究都将营销过程的定义集中在各方的交换行为上，Hunt（1983）指出，"营销学的基本问题就是交换关系"，这也是被国内外大部分营销学者和营销实业者们广为接受的普遍观点。在现代营销理论中，Kotler（2001）在《营销管理》（*Marketing Management*）一书中定义的交换是"通过将某种东西作为回报，从他人那里获得其所需所欲之物的行为"。Houston（1986）、Fullerton（1988）也都指出，营销和交换是不可分割的两个概念。因此，由于交换与营销概念的不可分割，在营销关系研究中，交换自然也成为推进企业对企业（以下简称B2B）营销研究的核心（Heide and John，1992；Gundlach and Achrol，1993）。B2B营销关系的研究是围绕交换关系来进行的。

一、两种交换形式的整合

有关社会交换的资源，Homans（1958）曾指出"任何个体间的互动都是资源的交换"，"社会行为是商品的交换，可以说物质商品也可以是非物质的商品，比如批准或者声誉"。1964年，Blau出版《社会生活中的交换与权力》（*Exchange and Power in Social Life*）一书，澄清了社会交换并不仅仅交换"经济物品"，一些"非经济"的情感、关系等，如礼貌、娱乐、惯例、军事协助、女人、孩子、舞蹈和盛宴、公平等也可以作为社会交换的对象。有学者认为，一共有六种可供交换的资源，分别是爱、地位、信息、金钱、商品和服务。他们还将可供交换的资源按形式分为两类：经济收益和社会情感收益。经济收益是指可以满足经济需求并且是有形的收益；社会情感收益是指满足个人的社会和自尊需求的收益，通常是无形的、具有特殊性的。Shore等（2006）指出，社会情感收益能发送一种信号，那就是个人受到了有尊严的重视与看待，因此，这足以说明其可以作为社会交换的重要资源参与交换。

Styles和Ambler（2003）进一步指出，社会交换体现出交易和关系两方面的特征。从上述有关社会交换理论的阐述中可以看出，"交换"包括的范围很广，主要包括两大类交换：一类是经济类；另一类是非经济类。由此，交换又可以分为交易型（经济性）交换和关系型（非经济性）交换。法学家Macneil（1980）提出的关系契约理论，把交换分为离散型交换和关系型交换两类，离散型交换注重传统营销所指的间断交易（经济性交换），前后两次交易活动互不相干，持续时间较短；关系型交换则更加注重无形的情感、关系等的交换，反映的是一个持续的关系营销的互动过程，时间持续较长。

通过以上分析发现，不管是驱动经济性交换关系的价格促销策略还是其他营销策略，事实上都没有离开交换这一基本的基础概念，张闯（2008）指出，关系营销，实际上着眼于顾客一切需求满足的各种关系要素，从本质上讲，这里的"关系"实际上就是一个"中间变量"，从而成功实现交换，"交换"体现的是真正价值与目的。如此一来，经济性交换与关系型交换作为社会交换的两种基本形式（Dwyer et al., 1987；Frazier et al., 1988），在研究中运用社会交换理论得以整合。早在1980年，Macneil 在其著作 *The New Social Contract: An Inquiry into Modern Contractual Relations* 中就曾指出，商业交换是一个从单纯的离散的事务（即短期的交换，在成员之间不存在或存在很少的关系环境）到关系交换的连续的统一体（即长期的、持续的、复杂的关系，单个的事物本身要比关系本身的重要性低很多）。营销关系的双方存在于所有的交换行为之中，会从单个离散的交换到高程度的关系交换。Luo 等（2012）研究认为，通过关系或者联系进行交易的现象逐渐会成为一种长久稳定的传统，并由此激发了从经济社会的角度来看待特定关系投资的需要。

Cropanzano 等（2017）指出，根据社会交换理论预测，作为对积极主动行为的反应，目标将倾向于以同样的方式做出更多的积极回应和/或更少的消极回应。粗略地说，这些反应可以大致分为两种类型——关系反应和行为反应。值得注意的是，一种类型经常导致另一种类型。一般来说，一系列成功的互惠交换可以将经济交换关系转变为高质量的社会交换关系。Jeong 和 Oh（2017）研究认为，社会交换理论的核心原则是，处于一种社会关系中的人们根据维持这种关系的回报与成本的比较来决定是继续还是终止这种关系。在社会关系中，这些回报和成本不局限于经济结果，还包括各种直接或间接的社会结果，如舒适、陪伴、信赖/依赖和倡导。特定关系投资同时包含经济与社会交换元素，固化了经济社会中的中心概念。因此，社会交换理论为双驱动营销策略同时引入 B2B 研究提供了强有力的理论支持。

二、类达尔文"选择"理论

Eyuboglu 和 Buja（2007）发表在 *Journal of Marketing* 的 *Quasi-Darwinian Selection in Marketing Relationships* 文献中，在社会交换理论进一步延伸发展的基础上，提出了一种新的市场营销关系的解释性范式——类达尔文选择（Quasi-Darwinian Selection）[①]。

说起"达尔文理论"和"选择淘汰"，不管是营销学者还是其他领域尤其是生物学领域的学者来说，自然已不陌生。关于达尔文理论的研究，在社会科学领域中也由来已久，有大量的研究成果。在经济学领域的研究中，Alchian（1950）可以说是先驱者，Nelson 和 Winter（1982）紧随其后，提出了经济变革的进化理论。在社会学和管理科学领域，有大量的关于人口统计学、生态学以及组织进化在内的理论，基本都是跟进化发展和选择淘汰相关的（Aldrich and Pfeffer，1976；Aldrich，1979；Carroll and Hannan，2004；Aldrich and Ruef，2006）。为了便于区分"类达尔文选择理论"不同于"达尔文理论"，以及其在解释营销关系中的普遍适用性，Eyuboglu 和 Buja 把这种以"选择淘汰"为基础的一个新的营销关系的解释框架称作"类达尔文选择"。在这里，"人口"是由个人或者选择单位组成的，在生物学中，这些单位就是生物；在经济学中，它们就是公司；在管理学中，它们可能是惯例、程序、组织、机构管理者或者管理行为；在市场营销中，它们就是关系以及他们的行为。"适应性"是选择单位提高双方关系存活率的一个特征，是选择模式形成的驱动因素。

Eyuboglu 和 Buja（2007）认为，作为一种解释性范例，自然选择可以匹敌因果关系。类达尔文"选择"理论体系适用于企业对企业（B2B）和企业对消费者（B2C）中的任何一种市场营销关系，包括在供应链中的所有关系，供应商与客户之间的关系以及销售代表与客户之间的关系。类达尔文"选择"理论的主要内容包括：①已建立的关系被视为一个选择过程中的生存者，其参数是合作伙伴

[①] 虽然在 Eyuboglu 和 Buja 两位教授的论文中使用了"Selection"一词，中文翻译中会毫不犹豫地译作"选择"，但这样做，却往往会引起中文读者理解上的歧义和偏差，因为，这里所说的"Selection"并非关系双方中的某一方"有意识"或主动的"选择"，两位教授想要表达的其实是一种适应性改变，在这里"达尔文"才是重点，而"选择"只是为了表达一种由合作双方中的某种行为驱动的对方行为而做出的适应性改变。

的行为（单边行动或双边协同）、合作伙伴之间的依存关系以及市场中的外部困境。"选择"拥有拣选淘汰这些参数之间的某些组合的作用，选择淘汰的作用就是开拓出种种模式，其表现形式就是各种参数之间的联系组合，比如，单方控制与相互依存的组合。从传统上来说，这些联系通常被理解为一个参数对另一个参数的因果作用。而 Eyuboglu 和 Buja 的研究表明，类达尔文"选择"理论可能在解释这些联系的过程中显得更为准确。②类达尔文"选择"范式的指导原则可被总结为一句格言："选择创造关联。"③可以用两句话来表示类达尔文"选择"范式的作用模式：一是除去某些关系；二是除去某些行为。该文献发展了类达尔文体系的普遍性，但其更着重于强调企业对企业（B2B）之间关系的应用。当各种关系参数的联系组合被拣选淘汰后，其过程就可以被理解为一种"适应性改变"，而它们的描述性意义有着规范性的含义；如果某项营销关系中的合作者能根据这些联系来规范他们的各种行为，那么，一般来讲，他们都能提高彼此关系存活的寿命。这一新的解释理论的提出，为整合价格促销策略和关系营销策略又提供了一个新的解释视角和有力的框架支持。

第二节 价格促销策略理论

一、价格促销概述

（一）价格促销的定义

有关价格促销的研究由来已久，并且也是目前众多营销学者关注的重点。作为一种有效的营销工具，随着市场竞争的愈加激烈，价格促销策略被广泛应用。美国市场营销协会（American Marketing Association，AMA）对价格促销（Price Promotion）是这样解释定义的：价格促销是借助于各种广告将有关产品的价格或者是服务的价格加以宣传，从而招揽更多的顾客上店购买。通常情况下，商家为了实现大幅度的让利，一般会通过以下方式：一是价格降低；二是发放优惠券等。实行价格让利是企业最为常见的促销形式，也就是说可在达到数量的条件下打折扣，或者价格不变，增加商品的数量，这样将使更多的消费者参与购买。而DeSarbo 等（2001）在概念上给出这样的解释，即企业为提高销售业绩必然通过有效的手段，那么价格促销成为首选，它与众不同的地方在于一时的价格让利使消费者等对象能够对产品或者一类服务产生极大的好奇心和欲望。其实，实行价格促销就是一种诱因工具，常常在短时间内被使用，主要的目标对象是消费者，也包括产品经销商等，这将会大幅度地提高产品的销售量。除此之外，这种促销方式有时也会被使用到非使用者身上。韩睿（2005）对价格促销给予了全新的解释：它是厂商通过一系列有效的形式如打折等，使产品的销售更加快捷，顾客购买的欲望更加强烈，促进销售量的增加，它是短期的行为，作为一种十分重要的手段而被使用。

结合本书研究目的，在国内外学者重要论述的基础上，本书认为：企业实施价格促销，其目的就是要促进销售的增长，通过利用不同的诱因，能够在短时间内促进企业产品或者服务的销售，是一种积极的促销行为。综合来看，不管哪个定义，都阐明了价格促销作为一种重要的营销激励手段的两个重点：一是价格策略的有效应用；二是激发每一位顾客或策略对象的购买欲望。

（二）价格促销的效益

厂商大力实施价格促销，能够帮助他们获得更多的客户资源，能够刺激顾客的购买欲望，以诱导的手段促使顾客将更多的钱花费在价格昂贵的产品上面，提高企业利润。Yeshin（2006）对促销目的和效果的研究指出，厂商通过价格促销可获得如下好处：第一，借助试用新产品，提高消费者对产品的认同感，通过广告宣传，引起消费者的注意，不断满足消费者增长的需求，能够建立产品的稳定客源。第二，积极引导消费者加大对产品购买的力度，既包括增加产品购买量，也包括增大重复购买的次数。第三，在短期促销活动的刺激下，可以开发新顾客，能够确保较好地试用新产品或者新服务，并且能够通过促销广告的宣传，实现成熟品牌销量提升的目的；利用新产品包装，增强该品牌的知名度，给顾客带来耳目一新的感觉，并逐渐接受这一包装。第四，面对市场的激励竞争，通过促销活动，也有力地回击了对手的负面影响；巧妙地将不同的事件引入促销活动中，丰富消费者的购买行为，最大限度地减少销售波动的影响。第五，积极开拓零售商资源,增加零售产品的存货量,避免出现缺货风险。第六,切实保障品牌产品的销量和利润,扩大零售柜台的发展空间;扩大零售商购买的品牌产品种类,大大提高促销的能力;有力地提升中间商自由调整库存的水平。第七,培养高素质的销售团队。第八,通过有效的激励措施,提高中间商的销售热情。对享受价格促销激励的客户来说,实施价格促销活动,会对客户的行为产生以下影响:扩大购买量、品牌变换、调整购买的时间等。站在促销行为对客户所产生的利益立场来看,促销利益包括两种类型:一种是享乐性利益;另一种是实用性利益。Raghubir 和 Corfman（1999）指出,实施促销行为会对消费者造成很大的影响,主要体现在三个方面:一是信息方面,可以通过宣传,给消费者传达新品牌的各种信息资源;二是经济方面,通过促销活动,既能最大限度地扩大利润收入,又能够减少交易所需的时间,简化各种购买的程序等;三是情绪方面,在促销活动的影响下,各种信息会作用于消费者,改变消费者的情绪,引起消费者的感情共鸣。

（三）价格促销的分类

价格促销按照其激励的对象可以分为三种:一是消费者促销;二是 B2B 促销;三是销售队伍促销。一般认为,企业的价格促销激励行为的对象可分为两个部分:一部分是代理激励;另一部分是消费激励。因此,在价格促销的基本类型上,针对消费者的促销（Consumer Promotion）和针对中间商渠道的 B2B 贸易促销（Trade Promotion）是目前市场营销理论研究框架中论述最多的两大基本类型。本书的研究对象是厂商针对经销商的促销,也就是 B2B 贸易促销。

二、基于消费者视角的价格促销策略

价格促销实质上影响的是消费者所看到的内部参考价格。在交易过程中,由于买卖双方所获取到的信息是不一致的,一般情况下,消费者对于商品的质量等方面的信息并不能做到全面掌握,因此,在做出购买选择决策时,消费者往往表现得过于感性。简单来讲,消费者一般会根据自己的想法"主观臆断"对商品的认识,所以价格在很大程度上会决定消费者的购买抉择。

（一）消费者购买决策受价格促销的影响

站在消费者的角度来分析和研究价格促销，焦点往往都会放在消费者对价格促销的主观认识和反应上，价格促销对消费者购买决策造成影响的研究可以大致总结为以下几点：

（1）早期的消费者行为研究获得了一个普遍的结论：价格促销提升了消费者的购买意愿，带来购买数量的提升和购买周期的缩短，加速了产品的销售进程。Ward 和 Davis（1978）通过时间序列模型验证了返券促销对购买数量的提升作用。随后，Shoemaker（1979）进行了大量的相关研究，针对促销活动过程中的购买数量和周期所受到的影响大小进行了比较，研究发现，促销在一定程度上对购买数量的提升作用强于对购买周期的缩短作用。综合以上研究，Neslin 等（1985）的研究进一步检验了促销手段的影响，特别是消费者的购买数量和周期。Walters 和 Rinne（1986）针对零售商开展深入研究，表明加大广告宣传的同时实施价格促销，可以吸引更多的顾客，会大大扩大商店的客源，大幅度提高商店的销售业绩，扩大利润收入。Lin 等（2018）的研究显示，对战略性顾客等待降价行为的影响取决于顾客延迟购买的耐心程度和产品的批发价格。如果顾客有适度的耐心，并且整个销售价格足够低，顾客的前瞻性行为可能会增加零售商的盈利能力。韦荷琳等（2020）的研究显示，消费者越来越重视商品促销后未来价格的变动。在商品进行降价促销时，消费者不再只关注原价与折扣价格的差距，也会通过当前促销价格之后的变化判断现在进行消费是否最合理、是否是最优方案。

（2）价格促销会对消费者的品牌决策产生影响。Guadagni 和 Little（1983）通过对零售商数据的分析，发现促销能够促进消费者的品牌转换。然而，一部分研究表明，在促销的积极影响下，企业会实现较短时间内的销售增长，同时能够做好新品牌推介，而从长远来看，将带来品牌的侵蚀。Dodson 等（1978）的研究引入自我知觉理论（Self-Perception Theory）解释消费者的品牌转换行为。他们将品牌转换行为的影响因素分为以促销为代表的外部影响和以消费者品牌忠诚为代表的内部影响，推论出促销停止后并不会改变消费者的品牌忠诚，促销驱动的品牌转换行为也随即停止。Lattin 和 Bucklin（1989）引入参照点衡量顾客的期望研究促销的影响，指出促销尤其是价格促销的过度使用会改变顾客的参照点，带来顾客对品牌评价的负面化。Yoo 等（2000）在研究营销策略变量如定价等方面所影响品牌资产的程度时，发现促销会显著地负面化消费者对品牌的评价。另一些研究者则认为促销并不会带来品牌价值的减损，原因是消费者会很快遗忘之前发生的购买行为。Davis 等（1992）利用零售数据拒绝了促销对品牌价值造成减损的假设。由于商业环境的复杂性，促销对消费者的品牌选择的总体影响并没有一个确定的结论。促销对消费者品牌选择的影响可能受到促销频次、单次促销强度、促销的目标顾客和品牌的原始印象等多方面因素的影响。例如，Feinberg 等（2002）的研究展示了顾客不仅会关心自己的收益，也会关心他人获得了什么。忠诚的顾客可能因为该品牌以竞争对手顾客为目标群体发起的促销活动而降低对该品牌的偏好。国内学者江明华和董伟民（2003）也为此进行了大量研究，结果发现实施价格促销将会对消费者的购买意愿有积极影响，不过，对消费者的品牌忠诚度却有着消极的影响。韦荷琳等（2020）的研究发现，次优价格的出现能有效提升当前价格对消费者的吸引力。消费者的购买意愿可能会因为降价幅度过大而不信任商品本身，或者因为降价幅度过小而忽略此次促销活动的价值，从而影响消费者的决策。

（3）价格促销的类型、频率和强度也会对消费者的购买行为带来影响。国外学者 Krishna 等（1991）在这个研究方向上进行了大量的研究，研究结果发现，商家通过力度较大的价格促销，顾客所购买的商品往往会超过平时，因此会造成对打折商品的囤货现象，在同等的平均价格背景下，上述情境下的打折，无论是在频率方面还是幅度方面都会对顾客产生价格感知的影响。价格变动并不复杂，一般介于常规与促销两种售价之间，而且打折幅度越大，越能影响消费者对价格判断的影响，这远远超过了打折频率产生的影响。与此同时，他们还指出，消费者面对价格的变动，在反应上还会存在固定的取值。事实上，最小可觉差异是存在的，只有商品价格的调整幅度超过了它，消费者才会感觉到。李爱梅等（2008）通过运用心理账户的理论，研究了绝对值优惠和相对值优惠所产生的不同影响。再通过情境实验，发放大量的问卷调查，结果不难看出，原始的价格都会对两种优惠效应产生较大的影响。当原始价格不大时，在相对值优惠效应作用下，原始价格显得更高，更加衬托了绝对值优惠效应。价格促销形式多样，尽管面对同等的价格让利，而实际上，消费者的不同，其所做出的选择必然有很大的不同。Folkes 和 Wheat（1995）通过对价格促销形式即打折等进行比较，分析其对消费者价格感知造成的影响，最后得出的结果是相比现金返还的促销形式，打折等促销形式很明显影响消费者对价格未来的预期。在对顾客感知影响方面，他们深入研究了另外两种因素：一种是顾客得到促销优惠的时间；另一种是为此所做出的努力。Chen 等（1998）在分析消费者对价格的感知以及行为选择方面，着重从两个方面进行研究：一是打折；二是优惠券。其得出的结果却是消费者在使用优惠券时进行评价价格会更加有利，更有助于引导消费者决定购买选择。除此之外，如果优惠券的发放只是面向特殊群体，如持有贵宾卡的客户将享有特殊的待遇，其在一定程度上对价格促销的价值会更加了解。张华等（2022）通过建立平台价格折扣和现金券的价格促销模型研究显示，只有当商品的基本需求、消费者价格敏感度和商品价格满足一定条件时，平台价格促销才能提升平台利润。在两种价格促销都能提升平台利润的情况下，平台的交易费率较高且商品价格较低，则平台实施现金券策略的利润高于价格折扣策略；在其他情况下，平台实施价格折扣策略的利润高于现金券策略。Huff 和 Alden（1998）通过对中国台湾等地的消费者在如何看待赠券和抽奖这个问题的研究得出，促销方式越简单，消费者就越不在意兑换赠券；中国台湾消费者对赠送情有独钟，而对抽奖的爱好热度不如马来西亚等国；在马来西亚这个国家，消费者对抽奖十分热衷。

Gilbert 和 Jackaria（2002）在英国的超市针对一些顾客进行了问卷调查，并比较了消费者对赠券等不同的促销工具对品牌转换等行为反应的影响，其研究指出，五类行为都在一定程度上受到了价格折扣的影响，并且其中的产品试用等对品牌转换的影响是十分明显的。Hardesty 和 Bearden（2003）运用比较的方法分析了促销力度的不同会影响顾客对打折和返券的评价。结果很明显，当以较低或一般的促销力度进行时，顾客对打折会更加青睐。郝辽钢等（2008）通过问卷调查进行研究，结果发现，实行购物赠礼形式的促销有助于消费者在计划之外实施购买，更有助于提高品牌影响力。张宇等（2019）研究认为，赠品价格的高低影响消费者的横向和纵向思维。高价格激发消费者金钱概念，促使消费者重视利益，强化纵向思维，弱化横向思维。实行购物获得抽奖机会的促销形式，其目的在于提高品牌的知名度，形成更多的稳定客源。实施价格折扣促销，能够在很大程度上刺激消费者较早地实施购买行为。研究还表明，不同的促销工具会对消费者的行为反应有效性产生很大的影响，而且存在较大的不同。综上所述，最有效的促销形式就是价格折扣，而效果最差的促销形式则是购物抽奖。

（4）有学者认为促销带来了消费者的囤货（Stockpiling）行为。Gupta（1988）的研究着眼于促销产生的销售量变化因素，将其分为消费者的品牌转换和购买频率的增加以及消费者的囤货行为。结果不难看出，一旦促销结束，将会产生销售回落期，主要是因为促销时，在价格的刺激下，消费者已经购买了足量的物品，并做储存处理，所以消费者的这种提前购买行为会产生较高的存货现象。随后，Assunção和Meyer（1993）构建了一个理性分析的模型，将囤货行为解释为消费者的前瞻性选择。Mela等（1998）也在进行卓有成效的研究，其将着眼点放在促销对消费者的长期影响方面，他们经过一段时间的消费数据收集，通过分析发现，促销从长远上改变了消费者的行为方式。具体来讲，经历多次促销后的消费者在单次购买意愿上有所下降，而在单次购买数量上则表现出上升。

（二）价格促销对消费者行为影响的理论解释

早期的研究主要关注消费者对价格促销方式的偏好问题，随着研究的不断深入，研究者发展出一系列的理论用于解释消费者的知觉偏好。

1. 感知价格理论的解释

感知价格理论主张促销在一定程度上将消费者的内部参考价格大大降低，刺激消费者购买行为的产生。消费者对价格的预期和参照点的对比成为影响不同促销方式效果的一类重要因素。Folkes和Wheat（1995）深入研究折扣等不同的价格促销方式对消费者感知价格的影响，指出前两者能显著降低消费者对未来价格的预期。D'Astous和Jacob（2002）的研究显示，消费者对立即提供利益的促销方式有更强的偏好。感知价格理论侧重于消费者内在的认知过程，尤其是针对消费者对环境的感知情况。这一理论更多关注的是消费者对价格的预期和参照点的对比。以展望理论为代表的行为经济学的观点成为解释促销对消费者行为影响的另一类理论。展望理论的基本观点认为，消费者对预期损失的反应大于对预期收益的反应。基于此，研究者发现价格变化对消费者选择的影响是不对称的。这种不对称的影响体现在消费者的购买意愿、购买时间和购买数量等行为指标上。Putler（1992）的研究表明，感知价格上升对消费者购买意愿的影响强度约为感知价格下降时的 2.5 倍。Bell 和 Bucklin（1999）的研究表明，因为感知损失带来的推迟购买在时间长度上要大于因为感知收益带来的提前购买。至于购买数量，Krishnamurthi 等（1992）的研究表明因为感知损失带来的购买数量降低程度大于因为感知收益带来的购买数量提升。宋晓兵等（2016）的研究表明，感知价格一方面会通过影响感知成本对消费者的购买意向产生负向影响；另一方面也会通过提高感知声望对消费者的购买意向产生正向影响。上述研究均充分表明，除理性决策之外，消费者的非理性行为可调节促销对消费者行为的影响。与这种理论相关的还有韦伯定律等。它们通过建立一个完整的分析框架，对价格促销的结果进行科学的解释和预测，这当中的参考价格是其中最为核心的内容。

2. 行为学习理论的解释

行为学习理论的核心思想就是将学习看作环境刺激和个体行为反应之间建立关系的过程。这种理论指出，开展此类促销活动，可以发挥促销刺激的作用。此理论主要涵盖两方面的理论内容：一是经典条件反射理论；二是操作性条件反射理论。Blattberg 和 Neslin（1990）指出，这种理论用于研究市场环境与消费者行为之间的关系，不过，对消费者而言有可能存在认知过程不在考虑之列。经典条件反射理论最为代表性的实验是巴甫洛夫实验，通过实验可以看出，学习不是主动接受环境条件作用的过程，即"刺激—反应"这一过程，巴甫洛夫提出了操作性条件反射理论，该理论则指出，学习就是对环境条件的主动适应，其过程是"反应—强化"，最主要的内容就是行为在强化的作用下变得更为持久。这与前面理论中的"条件"和"非条件"刺激十分相似。从某种意义上来讲，强化分为两大类：一类是原始强化；另一类是附属强化。前者能够支持内在效用，而后者需在转化条件下产生价值。经典条件反射理论较为系统地解释了消费者对"价格折扣"的行为反应，能够较好地预测促销活动行为，但操作性条件反射理论则是购买后系统地解释了促销活动。

3. 归因理论的解释

归因理论着重对事件的原因进行解释并进行描述。其推论过程被称之为"归因"，归因理论会对态度产生直接的作用，但改变的不是行为。所以，这种理论对消费者的归因进行间接的诠释。然而由于行为的前导变量是态度，归因理论作为一种十分重要的理论应用于研究消费者的促销行为。归因理论根据归因对象的

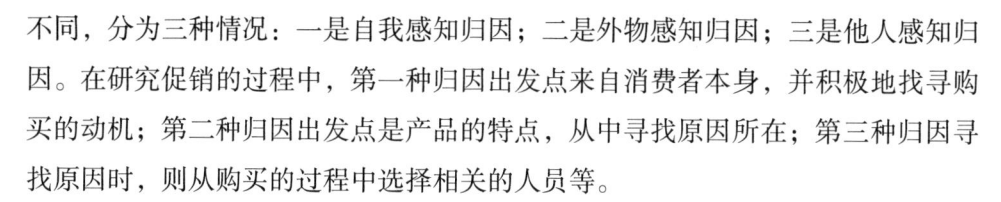

不同，分为三种情况：一是自我感知归因；二是外物感知归因；三是他人感知归因。在研究促销的过程中，第一种归因出发点来自消费者本身，并积极地找寻购买的动机；第二种归因出发点是产品的特点，从中寻找原因所在；第三种归因寻找原因时，则从购买的过程中选择相关的人员等。

4. 态度行为关系理论的解释

态度行为关系理论主要研究通过什么途径实现消费者的购买行为，即完成消费者对活动的感知并转化成真正的购买行为。按照Blattberg和Neslin（1990）的态度—行为模型这一理论，消费者是否在促销开展过程中产生购买行为，完全取决于消费者是否因促销而积极进行购物。这种意愿在一定意义上由两方面决定：一是态度，即如何看待促销购物的行为结果，这主要依赖于消费者如何进行正确判断促销结果；二是主观行为的规范，它依赖于消费者如何较好地规范信念，无论是对社会还是对他人，或者消费者面对这些规范性信念应该坚持怎样的行为动机。

5. 感知风险理论的解释

Bauer（1960）指出，购买新产品应承担风险，这是其内在的属性。寇小萱和卜祥峰（2021）指出，消费者在对产品或服务产生购买意愿进而产生购买行为前，消费者将根据产品的属性特征进行判断并形成一种态度。对产品和服务的感知不仅包括有用性和易用性，同时也包括感知风险。作为消费者在新产品购买时，会面临很多的风险，具体分为两大部分：一是产品功能存在不确定性；二是不完善功能带来的后果。所以消费者为了有效地规避购买风险，要有效降低产品功能表现的不确定性和不当的选择后果。积极的促销策略能够鼓励消费者试用新产品，有效降低风险感知，鼓励消费者购买新产品。本书为此开展了降低风险最佳方式的调查，结果表明，免费试用品在降低财务损失等方面表现十分乐观，而名牌产品在降低财务损失等方面表现不容乐观。无论如何，有效降低购买风险就要积极运用各种促销策略，这是不可更改的事实。在另外的研究中不难发现，在进行新产品的购买时，消费者一开始的购买行为十分谨慎，往往采用尝试购买的方式，有效降低各类风险；至于之前是否存在免费使用试用品的情况，不会影响到对问题的研究。至于促销的力度有多大，才会刺激到消费者产生新的购买行为，对此为了便于更好理解，可以通过运用风险溢价概念进行解释。新产品问世后，为吸引更多的消费者进行购买，往往要通过价格折扣等促销利益，使其大于购买新产品的风险溢价。由于促销利益往往大于新产品的风险溢价，在研究新产品促销时，没有涉及促销利益有效补偿风险溢价的实证研究。

三、基于经销商视角的价格促销策略

相对于针对消费者市场的价格促销研究，国内外学者对B2B市场的价格促销研究较少。根据LaPlaca和Katrichis（2009）的统计，在营销领域的顶尖期刊上发表的关于B2B市场的研究仅占整体研究数量的3.4%。然而，B2B市场与B2C市场在市场主体和销售方式等因素上的差异使两者的市场主体在营销决策上存在明显的不同。

按照Kotler（2001）在《营销管理》教科书中的定义，"组织市场包括所有购买商品和服务并将其应用于商城其他商品或服务，以进行销售、出租或供应给其他组织的组织"。B2B市场与B2C市场相比，具有以下几类差异性：①决策流程的差异性。相较于消费者，组织产品的采购通常由经过培训的专业人士按照公司的采购政策、约束和要求实施。同时，组织的采购决策参与人更多，在消费者市场上，做出采购决策的通常是消费者个体，而组织的采购则通常为多部门的共同决策。上述差异导致组织产品的采购流程呈现更为复杂的树形结构。②需求的差异性。相对于消费者市场，组织市场的购买者相对较少，但购买数量通常较大。同时，对组织产品的需求大多数为派生需求，组织购买的产品或服务通常会用于加工或专卖给下一组织或最终消费者，因此最终消费者的购买需求决定了组织的采购需求。该特性也造成组织产品的需求缺乏价格弹性并存在更大的波动。③客户关系的差异性。在组织市场中，由于客户数量相对较少、影响力大，供应商往往需要为客户定制产品，客户和供应商的关系更加紧密。这种关系不仅体现为经济上的交易关系，还体现为社会交换关系。④经营导向上的差异性。相较于消费者市场，组织市场中的企业更倾向于销售导向，而前者主要以市场导向和产品导向为主。⑤价格决策的差异性。Zhang等（2014）总结了B2B市场和B2C市场在定价决策上的差异。B2B市场销售的产品和服务通常具有更强的定制化特征，其销售主要是通过销售员实现。上述条件意味着厂商的定价方式更加灵活，如可以采取价格歧视，对不同客户采取区别定价或者在不同的时间对同一客户采取不同的定价。而与之相反，B2C 零售商受限于客户信息的不完整性和商业道德的考量，较难采取对每一个消费者单独定价的策略。这样的差异性意味着相对于 B2C 市场，在 B2B 营销中，厂商能够对客户的采购行为充分理解并利用其发展出更有效的定价模型以实现多样化的销售目标。对于 B2B 视角的价格促销，经过文献梳理，相关研究主要集中在以下几个方面：

（一）实施价格促销的动机

厂商针对经销商实施价格促销的主要目的应该包括促进新产品销售、回馈现有客户以抵御竞争、刺激被促销产品的重复频繁订购、激励客户更经常地订购、鼓励经销商大量订购、确保经销商对促销产品的足够库存和陈列等。具体分析来看：①厂商在推出新产品时有动机通过促销手段鼓励零售商采购，希望借由零售商的努力能够更快地实现新产品在消费市场的扩散，是对零售商的一种有效"驱动"。但这样的观点仅对于新产品有效，并不能解释成熟产品的促销现象。②存货成本成为解释厂商促销行为的又一种原因。Blattberg 和 Neslin（1990）提出促销在消费者市场上起到了转移零售商库存压力的作用，零售商可以利用消费者存货持有成本的差异性实施价格歧视。由于组织市场交易的商品通常会用于再次加工才能销售，这样的作用在组织市场中可能体现得更为明显，例如，Cui 等（2008）提出基于经销商库存成本实施价格歧视的模型。③Raju 等（1990）指出，具有品牌优势的厂商可以通过价格折扣挤压品牌劣势的厂商是厂商采取促销行为的另一动机。价格折扣能够吸引品牌处于劣势的厂商的顾客转移到具有品牌优势的厂商，这是品牌优势厂商的促销动机；同时，在品牌具有优势的厂商采取促销手段时，品牌劣势厂商也不得不采取防御性促销行为。按照这一理论，只要市场上存在厂商间品牌力的不均衡，就可以观察到促销行为。④从分类上看，制造商主要通过两个途径来实现价格促销的目的：一是推式促销，即采取各种让利措施，激励零售商削减零售价，以价格优惠刺激消费者的消费；二是拉式促销，也就是运用返利、赠券等策略手段，直接作用于消费者。以制造商作为主导，是以上两种形式促销手段的共同点，但两者在性质上有着本质的区别。例如，推式促销的价格优惠是通过零售商来完成，而拉式促销则是制造商越过零售商直接活动。作为中间商的零售商，其传导不仅影响着商品零售价格的定价，更直接影响着整个供应链销售策略的实施。

（二）对价格促销效果的评估

与消费者视角的价格促销不同，对经销商的价格促销带来的影响更为复杂，并不能简单地用销售量或销售利润衡量。厂商可能希望通过促销手段让利给消费者，带来在最终消费端的品牌忠诚，然而，通过对经销商的促销并不能将让利传递给消费者。同时，Zhang 等（2014）指出，由于关系的重要性，厂商频繁的价格变化也可能促进或威胁其与经销商之间的长期合作关系。Srinivasan 等（2004）的研究表明，促销对厂商和经销商的影响是复杂的。他们的实证研究获得以下结论：①价格促销总体上促成了制造商收入的增长，但是并不必然促成经销商的收入及利润的增长。②品牌实力对于促销的影响力有调节作用。对厂商而言，市场份额越低的品牌和促销频率越高的品牌，或者是全国性品牌的促销影响力更强；对经销商而言，促销频率越高的品牌和促销强度越低的品牌的促销影响力更强。梁冬寒等（2012）研究了实施价格促销前后供应链的上游和下游企业的利润分配格局，从企业所获得的利润来看，制造商所获利润明显高于零售商，而且价格促销对供应链上的利润分配并没有产生太大的影响。Lin 等（2018）认为，面对战略等待降价的客户，零售商会提供较小的降价以防止任何故意拖延购买。其结果是市场覆盖率增加，制造商因销售强劲而获得更高的利润。

（三）对经销商视角价格促销的理论解释

在经销商视角的价格促销研究中，作为理论基础的感知价格理论和展望理论应用广泛。①在经销商视角下，研究主题被认为更接近于理性人的角色。当然，企业也并非是拥有完全理性的经济个体，研究证明，展望理论同样适用于经销商情境下的厂商和客户。例如，Bruno 等（2012）发现，单位价格上涨或下降对客户订购行为的影响程度是不对称的。这与消费者视角研究中消费者对价格上涨和下降的反应一致。②由于 B2B 情境下厂商和经销商通常具有长期合作关系，博弈论成为 B2B 促销的一个理论基础。Rao 等（1995）基于囚徒困境构建出解释 B2B 促销行为的基本模型并提出若干推论。例如，如果促销对任意一方是有利可图的，那么厂商和其竞争对手最终都会停止促销；而如果促销仅在竞争对手不促销的时候是有利可图的，则厂商在长期不可能退出促销。③厂商和经销商的实力差异同样被认为可以解释 B2B 价格促销行为。Kasulis 等（1999）按照基于市场势力的组织市场促销理论，将供应商势力和零售商势力大小划分为四个象限。当供应商势力强而零售商势力弱小时，供应商的促销目标为推动终端消费者的购买和顾客忠诚；当供应商和零售商处于强势均衡状态时，两者会更多地采取合作营销的方式，如共同推进广告和活动促进消费者的购买并获得收益；当供应商和零售商均处于弱势均衡状态，价格促销手段被两者合作采取以赢得顾客并获得收益；当零售商处于强势而供应商处于弱势，零售商将尽可能地将促销收益转移到自己手中。该理论的一些推论也得到了实证研究的支持，Gómez 等（2007）通过数据分析发现强势厂商在促销手段上更倾向于采用直接对消费者的折扣而非对经销商的返利。

（四）B2B 价格促销的特殊方式——"返利"

与 B2C 促销相比，B2B 的促销方式有一个最大的区别在于返利型价格促销的引入。Ailawadi（2001）认为，返利型价格促销指制造商通过在一定期间内根据经销商对消费者的销量对经销商给予奖励，奖励形式既可以是通过价格折扣返还给经销商实现的直接奖励，又可以是通过事后补贴实现的间接奖励。相关研究表明，返利型促销相对于直接价格折让对渠道是一个双赢策略。Drèze 和 Bell（2003）通过实证研究表明，相对于直接价格折让，返利型价格促销能够带来经销商更加理性的订货，平抑需求波动性，增加经销商对顾客的让利，同时获得更高的销售额。此外，两位学者的分析表明，制造商倾向于返利型促销而经销商更倾向于直接价格折让。他们认为，制造商可以通过恰当的促销手段设计，确保返利型促销能够补偿经销商的利润损失，提升经销商对返利型促销的接受程度。徐建忠（2007）则在其博士学位论文中曾重点探讨了返利型价格促销策略对客户行为的调控。

（五）B2B 价格促销与厂商关系

无论是业界还是学术界都普遍认为，在整个营销过程中，是否得到零售商的支持和配合是制造商获得成功的关键。因此，学术界的研究重点一般集中在 B2B

价格促销的模式探讨上，探讨主要包括如何构建厂商良好的合作关系、厂商如何摒弃纷争等方面。针对制造商与经销商的竞争关系，Ailawadi 等（2001）对客户的使用行为进行了调查，他们通过分析发现，在百货品牌的市场营销上，制造商与经销商之间并不存在竞争关系；Quelch 和 Harding（1996）认为，制造商要想获得更高的利润，就必须与私人贴牌（Private Label）的经销商展开市场竞争。针对价格促销在 B2B 模式中的作用，Ailawadi 等（1999）认为，在 B2B 的价格制定上，制造商可以通过定价变动的手段，从定价上控制经销商的销售策略，并尽量保证产商之间实现利益最大化。针对经销商利润问题，Farris 和 Ailawadi（1992）对制造商利润进行了跟踪研究，他们通过对一定时期内的利润率数据分析后发现，如果单纯通过利润率来对经销商的实力进行对比衡量的话，经销商的实力增长，并没有使其利润率提高，虽然制造商投入到 B2B 价格促销中的费用在逐年增加，但是制造商的利润率却反而平稳增长。针对制造商与经销商对于自身利益最大化的过分追求问题，Gerstner 和 Hess（1995）提出了目标性拉式定价策略，以平衡产商之间的利润关系。针对 B2B 价格促销中客户的优惠比例问题，利润优惠并不会百分之百流向消费者，价格促销活动的中间还有"接力效应"的存在，事实上，B2B 价格促销的本质是对经销商的零售促销进行刺激。Shin 等（2022）的研究显示，在一定条件下的分散系统中，经销商获得最高利润的降价销售开始时间是制造商利润最低的时间。因此，他们提出了一种收益共享契约，以避免经销商对制造商的非理性订购行为。与分散系统中获得的利润相比，通过收入共享合同进行的集中化提高了经销商和制造商的利润。

第三节　关系营销策略理论

一、关系

关系，是一个社会学概念，在中国社会的方方面面无处不在。有关"关系"的历史可以追溯到 2000 多年前，孔子将社会规范及价值观编织成法典，这为

"关系"的产生提供了最原始的理论框架。

已有文献中，对"关系"的概念界定和解释非常多，"关系"是指双方持续关系的状态与强度，近似社会性连结或企业连结网络；Wang（2007）则指出，关系是一种个人的且特别的联系。从"资源基础说"的视角来说，"关系"具有有价值的、稀少的、不可替代的、不可完全模仿等特性，因而是竞争优势的来源；从"社会资本"的角度来说，"关系"是决定社会结构中个体位置的关键，社会结构在规定个体角色的同时也为个体提供了保障与信任。Luo 和 Chen（1997）从企业运作的角度来说明"关系"的法则、哲学与意义，其将"关系"定义为利用连结（Connections）来确保社会中人际关系之间的恩惠，即关系包含了彼此之间的义务、确信以及了解等。Parnell（2005）认为，关系可以分为三种基本形式：一是表现关系；二是复合关系；三是互相获利关系。表现关系是基于平等前提下的相对持久稳定的关系（如基于需要），这样一种连结是极其个人化与情感化的，在某个范围内是固定且有限的，主要体现在家人与亲人之间。相反，互相获利关系则是基于公正的不稳定且暂时的关系（如基于贡献的资源分配），而且是没有人情味和功利的。复合关系介于上述两种关系之间，相对比较稳定（如朋友、老乡、同学等），在合作伙伴之中他们更倾向于个人化与情感化的关系。Wong 和 Chan（1999）试图操作化"关系"构念，并探讨这些构念与关系绩效指针（Relationship Performance Indicators）的关联，其确认四种与"关系"有关的构念：调适（Adaptation）、信任（Trust）、投机主义（Opportunism）与恩惠（Favour）。通过关系或者联系进行交易的现象逐渐成为一种长久稳定的传统，组织成员严格地遵循社会规范，并从他们的相关性之间获取集体和个人的最大利益，机会主义与分歧将减少，同时承诺与分享机会则会增加。Lee 和 Wing-Chun（1988）对"关系"的描述是：关系是基于存在于相互之间的深厚感情或基于为朋友愿意牺牲物质利益的一种纽带，关系是建立在实现双方物质利益的感情交换纽带。无论关系是如何建立的，其最终目的是什么，实现关系的关键最终都离不开"人"这个因素，关系的实现必须依附于"人"。因此，构建商业关系的关键在于建立人与人之间的良好关系。

二、关系营销

1983年，美国服务营销学者Berry最早提出关系营销这一术语，被认为是营销理论与实践的重大的、方向性的改变。Berry（1983）对关系营销的定义概括为：一种通过组织多种服务，吸引、维持与提高组织中客户关系的营销手段。Bendapudi和Berry（1997）在其理论基础上又进一步指出，在一个组织中，关系营销的主要关注点是吸引、发展、维持以及提高客户关系。从概念提出后的几十年来，关系营销研究已经成为国内外营销学者非常重视的研究领域。学术界普遍认可的是Morgan和Hunt（1994）做出的定义，"所有以建立、发展和维持关系的交换为目的的营销活动的过程"。上述观点跟交易营销有着本质的区别，关系营销的交换基础是无形的（如感情、信任等），在交换过程中，更强调的是双方之间的互惠互利，是一个长时间的持续过程，而交易营销则以实物为基础。在商品买卖中，关系营销者在关心自身利益的同时，也会考虑购买者的利益，其会在交易中确保双方都能获得利益。因此，相比交易营销，关系营销增加了一个时间维度，也就是说，在双方的交易关系中，并不要求第一时间得到等价的回报。

关系营销理论由西方学者提出，最初的主要研究也集中在西方学术界，该理论最主要的代表是Morgan和Hunt。Morgan和Hunt（1994）建立的"承诺—信任"模型是关系营销的重要理论基础，是国内外关系营销研究的重要参考理论。Wang（2007）指出，关系是一种个人的且特别的联系，而关系营销则是典型的非个体以及总是出现在组织与组织之间的。关系营销是营销的一个子集，而营销又是商业活动的一个子集，而商业活动又是经济活动的一个子集，同时商业活动是更广阔的社会运作的子集。Wong和Chan（1999）在关系营销与"关系"的比较方面的研究贡献还包括：根据动态的社会心理观点与关系营销观点提出"关系"模型，以了解双边互动过程与如何创造有品质的"关系"。虽然关系营销的概念起源于服务营销，但是实际上，西方学术界对关系营销的概念定义在1960年以后开始以关系框架为基础，并从广义交换的角度对营销现象进行研究。刘顺忠（2018）、田华伟（2020）、唐云（2020）、李渊和曲世友（2020）都对关系营销的作用机制进行了研究，他们都是以西方关系营销理论为基础进行研究。Morgan和Hunt（1994）认为，关系营销就是指"一切为了建立、发展和保持有效的

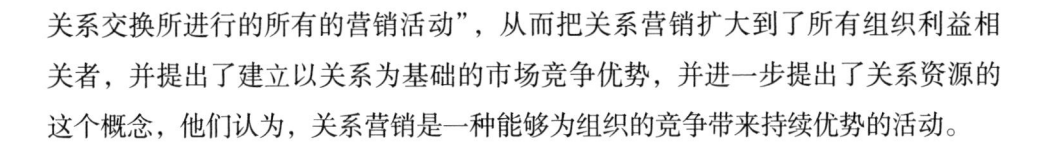

关系交换所进行的所有的营销活动",从而把关系营销扩大到了所有组织利益相关者,并提出了建立以关系为基础的市场竞争优势,并进一步提出了关系资源的这个概念,他们认为,关系营销是一种能够为组织的竞争带来持续优势的活动。

三、"差序格局"

"差序格局"(Chaxu-Geju)是费孝通(1993)从比较社会学的角度提出来的一种概念,主要是对中国人际社会的关系特征的概括性描述,也是对中国社会结构的一种基本解释原则,是近年来中国文化情境下营销研究的重要文化理论基础。在西方体系中,一个团体内每个人与团体的关系是相同的,因此人与人之间的地位也是平等的,其人际关系就像捆在一起的枝条,平等而简明。和西方社会相比,费孝通认为中国人的人际网络更具有亲疏、上下远近等的差序性。在这种差序框架的基础上,构成人际关系的中心就是"己",基于这个中心所建立起来的关系结构就好比石头投入水中一般,通过"己"这个同心圆的中心,形成一圈又一圈的波纹,被层层推出去,波纹越远,则关系则越薄(见图2-1)。也就是说,中国社会中的人际网络就像石头丢入水中所形成的同心圆涟漪一样,围绕着个人这个同心圆的中心,层层的波纹与中心的距离远近决定着不同的亲疏、贵贱差序关系。差序格局的比喻体现了中国文化对于人际关系的重视,在面对不同互动对象时,必须先考虑彼此关系的亲疏远近,此种原则对于中国社会行为具有相当重要的影响。

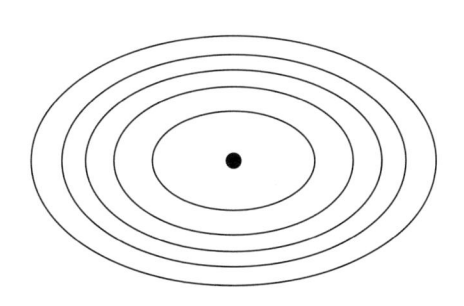

图2-1 差序格局

资料来源:Hwang K K. Chinese Relationalism: Theoretical Construction and Methodological Considerations [J]. Journal for the Theory of Social Behaviour, 2000, 30 (2): 155-178.

庄贵军和席酉民（2003）指出，差序格局的核心本质与关系息息相关，是以在讨论中国的关系营销时，必须从中国的心理文化的角度来检视关系营销在中国的基础。社会学视野中的"差序格局"文化现象在中国社会的生意场中表现得淋漓尽致。

四、关系状态理论

结合中国文化背景以及市场环境，本书通过对以往研究的梳理与总结，认为关系营销的本质实际上是一种驱动策略，在中国市场营销关系中，实施关系营销的结果最终会表现为关系双方的一种关系状态。庄贵军（2012a）研究了中国式"关系"的分析框架，他指出，在中国市场中，关系状态既是关系行为的前提或条件，也是关系行为的结果。杨国枢（1993）指出，在中国，更强调个体在关系网络中所处的位置，或一个关系网络针对不同个体所采取的不同态度或对应行为等。西方在对待关系上更强调的是双方的对等原则。从这一点上来看，中国社会中的人际关系更多地表现为"以己为中心"的差序格局，这也就是杨国枢指出的中国传统的"以人伦为经，以亲疏为纬"社会人际网络的形成基础。正是以"差序格局"原则为基础，费孝通（1993）、杨国枢（1993）等学者都将华人社会的人际交往法则按照"自己人"与"外人"的分类来区别对待，并强调关系（Guanxi）具备的弹性/伸缩性。其中，杨国枢（1993）根据关系基础的差异划分了华人社会的三类关系，提出不同的关系状态（关系类型）决定了人际交往的对待原则、处事方式和相互依存的具体形式。他指出，双方处于"家人关系"的相互对待原则是一种"低回报讲责任"的"高特殊主义"，更看重的是双方关系的长期持续和紧密呈现，对短期的利益和所谓的即时"回报"表现出非常低的关注；而双方处于"生人关系"的相互对待原则则表现为一种即时"高回报讲利害"的"非特殊主义"，这时候看重的就是短期的利益回报和"便宜行事"。

黄光国（1985，1988，2009）也建立了中国社会中如何以"人情"和"面子"影响他人行为的理论架构，并将关系分为三种，分别是"情感性"关系、"工具性"关系和"混合性"关系，这一分类其实跟杨国枢（1993）的分类方式相对应，其中情感性关系类似于家人关系，工具性关系类似于生人关系，混合性关系类似于熟人关系。并且，黄光国也指出，情感性关系中情感成分是第一位的，注重的是关系的长久和稳定，而工具性关系中的情感成分则是最末位的，注重的是短期利益，双方关系是短暂的和不稳定的。韩巍和席酉民（2001）指出，由于在中国社会的关系中，个人主要体现在关系网络中的位置，因此，"从关系参与社会，而不是通过其他途径，这在一定程度上反映了中国人的生活"。这样来看，人们就很容易理解中国人在日常生活中讲究关系，又习惯在政治生活以及经济生活中讲关系的缘由。因为在中国，关系既是维系人们相互信任的纽带，也是连接个体之间合作的重要资源。在社会中，"关系"不仅指双方所特有的持续关系状态以及强度，它与企业连接网络或社会性连结相似，同时，这种连结关系也是在中国经商的必要条件，只有充分了解"关系"，才能在中国发展出良好的伙伴关系；中国的"关系"与供应链的关系营销的意义不同，中国"关系"所反映的是一个社会性概念，是属于中国文化下社会所特有的连结网络，对企业营运虽具有一定帮助，但必须与供应链的服务传递流程连结才能发生作用。此外，受制于市场压力与法律改变，企业欲借由人际连结来获取资源也变得越来越困难。研究者对中国关系的重要性进行了深入探索，将组织内的关系根据亲疏分为"家人—熟人—人口背景相似的生人—人口背景不相似的生人"，对这些关系类型的基础、关系之间的互动原则以及双方之间的对待方式等取得了代表性的研究成果。Chen 和 Chen（2004）在中国关系研究中，将关系分为三种，并对关系存在的基础进行了推演。一是共同的社会认同，也就是社会关系中的同乡、同学、同事等认同度较高的关系；二是共同认识的第三方，这种关系的形成主要依靠传递性来实现，通过共同认识的一个人，两人因为认识而建立关系；三是预期基础，两个没有任何其他共性的个体，因为有共同的期望或具有合作意愿等建立起某种关系。

根据以上分析，综合已有对关系状态的研究，其实都可以窥见费孝通的"差序格局"理论所描述的自己人、外人关系划分的种种表现。庄贵军（2012b）为关系状态所下的定义是，所谓的关系状态，就是指一个人跟另一个人之间表现出来的一种远近亲疏关系（也可称为关系水平，又可称为关系质量）。根据表现出的远近亲疏情况，不同个体之间的关系就有了好坏的差别，而关系的好坏决定着个体之间的感情。本书正是在以上理论研究的基础上，主要采纳杨国枢（1993）的观点，将中国社会B2B厂商关系概括为家人型关系的界定、熟人型关系的界定和生人型关系的界定三种。

第四节 行为决策理论

根据社会交换理论以及 Eyuboglu 和 Buja（2007）的类达尔文"选择"理论，经销商面对厂商的各种策略行为的时候，双方交换关系过程会发生一种"适应性改变"，厂商策略行为驱动了经销商订货行为的"适应性"变化，这种适应性变化虽然并非是主观上的，但变化过程自认会产生一个行为决策的过程。不管是关系驱动的营销策略还是促销驱动的营销策略，都会给经销商带来不同的利益感知，从而引起经销商不同的订货行为反应。厂商要想达到营销策略的最佳效果或特定目的，就必须深入理解经销商面对不同的营销策略时表现出的不同订货行为，以及经销商为什么会作出这样的订货行为决策。行为决策理论从多种视角为经销商面对不同的营销策略作出的有明显差异的订货行为决策背后的机制提供了有力的解释。

一、从期望效用理论到展望理论

从行为决策研究的发展来看，前后经历了从刚开始基于"理性人"假设的最大期望效用理论，到主观期望效用理论，再到"有限理性"下的展望理论三个阶段。早期的行为决策研究是基于 Von Neumann 和 Morgenstern（1944）提出的期望效用理论进行的，他们认为行为决策主体是绝对理性且喜好相同、信息完全的，也就是每个决策者都可以随时获得市场上对其产品需求的客观信息，这就是"理性人假设"。在这种假设下，决策主体的"判断"和"选择"遵循最大期望效用原则。不过，这显然只是一种理想状态。在极其简单的决策环境下的决策行为似乎是合乎最大期望效用理论的，但当决策环境变得稍微复杂时，实际决策行为跟最大期望效用原则之间就会出现一定的背离。美国著名管理学家和社会学家赫伯特·西蒙（Herbert Simon）的观点对现代行为决策科学有巨大影响，他认为信息的不确定性、事物的复杂性和风险的未知性都会对决策主体的理性决策形成限制，因此，决策主体一般都处于一个"有限理性"的状态下，而不是绝对理性的。作为现代描述性行为决策研究领域最具代表性的理论，2002年诺贝尔经济学奖获得者Kahneman教授和Tversky教授以人自身的行为特征和心理特征为基础，对影响选择行为的相关心理因素进行研究，于1979年提出了展望理论（Prospect Theory）。他们在对行为经济学进行了深入的研究后提出，影响个人行为的因素有很多，不仅仅有利益的影响，同时，心理方面对行为也有着重要的影响。Kahneman和Tversky所提出的展望理论是对Herbert Simon"有限理性"的继承和发展，将经济学和心理学做到了有机结合，从而为人在不确定的条件下所作出的决策行为提供了理论依据。

二、展望理论

Kahneman和Tversky（1979）通过一系列的实验后得出论断：决策者在进行决策的时候，更加注重的是财富的变化的多少，而不是最终财富的多少；在损失相当的情况下，人们更愿意选择冒险性质的决策，因为这是一种风险偏好的心理，然而在收益的情况下，人们又都愿意选择确定性的收益，这符合人们对风险的规避的心理特征；收益给一个人所带来的快乐和发生等量的损失给一个人所带来的痛苦是不一样的，等量的损失所带来的痛苦要比收益所带来的快乐多一些，这体现了人们规避损失的特征。从以上观点来看，这些观点给出了人们在不确定情况下的决策行为模型的合理性解释。展望理论的基本内容包括以下几点：

（一）决策过程

预期效用理论的决策模式是建立在各种信息资源的充分占有和对情境的全面分析的基础之上，然而，个人在做选择和决策的时候是不可能充分掌握信息资源，同时也无法进行情境全面分析。因此，展望理论对个人的决策框架进行了修正，Kahneman和Tversky（1979）提出，个人在进行决策和选择的时候，将经历两个时期：①信息编辑（Editing）处理时期：决策者初步分析所作出的期望，使期望的表达方面更简单一些，这时候决策者会对一个参考数值进行设定，之后根据这个参考数值来对损失或者收益进行确定，同时依据参考框架编辑出有效的决策选项。一是编码（Coding），在进行决策的时候，人们会对收益或者是损失更加关注，而这些收益和损失并不是最终的财富，这些收益和损失是以设定的参考数值为参照物的。而编码就是依据参考数值,对期望行为进行组合,从而编码成决策者自己的损失或者是收益情况。例如,在一个猜字的正反游戏中,如果正面可以得到奖励 5 元人民币,而如果反面则罚 3 元人民币,这时候可以对这个游戏进行编码(5,0.5;-3,0.5)。二是合成(Combination),希望在某些时候可将概率结果一样的数值相加从而使数值简化,同时,以这种方法进行估值。三是剥离(Segregation),把部分期望中没有风险的部分从有风险的那部分中剥离开来。四是相抵(Cancellation),在选择概率性事件时,通常情况下把期望中的共同具有的部分抛开来。比如,对(150,0.2;112,0.1;50)和(150,0.2;112,0.1;-50,0.4)以上概率选择时,相同部分可以抵消,只在(112,0.1;50)和(0.1;-50,0.4)中进行选择即可。五是简化(Simplification),指的是对期望进行修订或者是对概率进行约略。六是占优检查(Detection of dominance),对所有的期望选项进行检查,从而将其他完全占优的选项删除掉。②决策评估(E-valuation)时期:决策者会利用多种形式对价值期望进行决策评估,同时对价值最高的期望进行评选。在编辑阶段完成后,决策人员对期望实施评估。展望理论所关注的不是最终的效益情况,而是价值的改变情况,同时,客观概率和决策权重是有差别的,而这些和预期效用之间的不一致,一定会出现标准理论所难以接受的结局。倘若决策人员认为他的偏好是非优势性的、非传递性的,这时候这些偏好所出现的不一致的现象就不一定会出现。但是,在很多情况下,企业的决策人员对自己的偏好会违背自己所希望的决策规则并不能及时发现,而这种态势下,展望理论中所提到的异常现象就自然而然地发生了。

(二)价值函数

从以上的决策评估的过程中可以发现,在前展望理论中所希望的价值是由决策权重和价值函数共同决定的。

$$V = \sum_{i=1}^{n} w(p_i)v(x_i) \tag{2-1}$$

式中,$w(p_i)$ 代表的是决策权重;$v(x_i)$ 代表的是决策者主观感受从而形成的价值,也就是价值函数,和设置的参考数值有一定的关联度。Kahneman 和 Tversky(1979)通过实验,得出了价值函数的状况如图 2-2 所示。

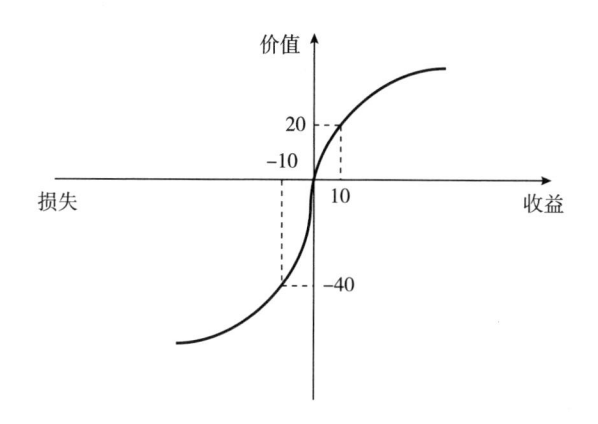

图 2-2 价值函数

资料来源：Kahneman D, Tversky A. Prospect Theory: An Analysis of Decision under Risk [J]. Econometrica, 1979, 47 (2): 263-291.

价值函数表征的三个方面基本内容：①价值函数中的"S"形曲线，以所设置的参考值为分界点，分为两个区域，在参考值以下的为损失区域，而参考值以上的为收益区域。②在"收益"区域，价值函数的形状是上凸形的，这体现出来的特征是风险规避，而在"损失"区间，价值函数的形状是下凹形的，这说明在损失上，对风险是偏好的。③亏损区域的斜率和收益区域的斜率相比数值要大一些。也就是说，人们对预期收益所作出的反应要小于预期损失所作出的反应。总结来说，价格函数指出，人们在风险不确定条件下的决策行为呈现三个特点：风险规避、参考点效应和边际效用递减。

(三) 参考点依赖

一般来讲，决策主体在评价事物时，总要与一定的参考点相比较，从而判断"收益"或"损失"。如果参考点不一样，这时候即使事物是一样的，那么最终的比较结果也是不一样的。所以，对于人们而言，参考点只是一种主观上的评价标准。人们在判断风险和收益的价值时，在通常情况下，更多的是依据参考点的设定得出的收益或者是损失，而对最后的总价值却并不是很关注。在实务中，商家可以对参考数值进行改变，从而使人们的消费决策进行改变。参考点依赖可以用来解释禀赋效应、损失厌恶等。实验和实证证据表明，基于参考点的比较，损

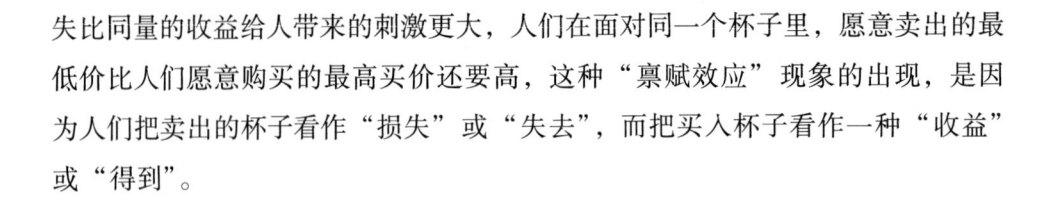

失比同量的收益给人带来的刺激更大,人们在面对同一个杯子里,愿意卖出的最低价比人们愿意购买的最高买价还要高,这种"禀赋效应"现象的出现,是因为人们把卖出的杯子看作"损失"或"失去",而把买入杯子看作一种"收益"或"得到"。

(四) 框架效应

框架效应是 Kahneman 和 Tversky (1982) 教授在经典实验中发现的,指的是人们在进行决策中,对"框架"比较依赖,在本质上一样的问题,由于框架不一样而使人们做出不同的决策。一个问题内容一样,但是表达方式不一样,这时候人们对这个问题的感知也是不一样的。"框架"涵盖了问题中所表达的信息、问题的表达方式和问题的呈现顺序等。例如,在价格促销中,甲商场中某一个品牌的酸奶每盒定价 5 元,然而却告诉消费者,倘若同时购买两盒酸奶,每瓶可以优惠 0.5 元,两瓶酸奶可以节省 1 元钱。在另一个乙商场,同样是一个品牌的酸奶,每瓶定价 4.5 元,商场告诉消费者,需要同时购买两瓶以上酸奶,这样才可享受每瓶 4.5 元的价格,如果买一瓶的话,需要多支付 0.5 元。其实,消费者在这两个商场购买酸奶所要付出的经济成本是一样的,然而很多消费者却认为,甲商场比乙商场的酸奶价格更具有吸引力。这就是因为甲商场在营销的表述方式上让消费者产生了一种获取"收益"的感觉,而在乙商场,因为对酸奶的价格的表述,让消费者产生了一种"损失"的感觉,这就是框架效应在促销和定价上的实例。

决策者在进行决策时,并不是单单对以往的记忆和相关知识进行依赖,他的认知在形成的时候,由于自身对问题的表述方式和自身的心理状况等的差异,所获取的感知也各不相同。因此,对一个事物进行判断的时候,往往受事物的表述者的表述的影响。而框架依赖也就是一个人在实际生活中,由于促销对象对商品的表述方式不一样,最后做出的决策行为也不一样。框架依赖说明了人的理性是有一定局限性的,一个事物表达方式不同,就会使人们产生不同的感觉,从而使人们在选择的时候出现一些潜在的错误。而框架偏差的产生就是由框架依赖所导致出现的判断偏差和认知偏差,指的是人们在对一个事物做出判断或者认知的时候往往会被表象的问题所迷惑。

（五）决策权重

Kahneman 和 Snell 在 1992 年对展望理论做了进一步发展，从而使"累积展望理论"得以形成，该理论提出，价值在传递中传递的是收益或者是亏损和最终的资产无关，影响每一个结果的并不是概率，而是决策权重，决策者的决策正是被这种决策权重所影响。

三、展望理论在国内外营销研究中的应用

（一）国外相关研究文献回顾

1. 顾客行为决策研究

Zhu 等（2008）以新旧车交易为实例对个人的禀赋效应进行研究，进一步发现，以旧换新的消费者其实购买意愿比购买新车的人更强一些，在支付总价一样的情况下，旧车所折的价格更高，购买者会更愿意完成交易，同时在购买中会产生一种愉悦感，这是由于出售一个旧的产品，象征着一个旧的账户被关闭，而消费者通常情况下是期望自己这个旧账户的关闭能够获取一定的收益，因为旧账户在关闭中伴随着收益，会让人有一种强烈的愉悦感。所以，和新产品的总的买价相比较而言，人们往往更注重自己的旧产品的折价是多少。国外很多营销学者运用展望理论对顾客行为决策的过程和机制进行了有效的剖析。Schweitzer（1999）的研究表明，消费者在进行购物决策的时候，其中某些不是很关键的因素，如一些问题的表述方式等，都会对其心理账户产生影响。而这些心理可以带给商家很大的利用空间，使商家能够充分利用顾客的心理来开展促销活动，提升产品销售量。例如，商家可以运用多种表述方式的广告，对消费者进行引导，从而使产品的销售额得到有效提升。Moon 等（1999）通过研究发现，在消费者的消费决策中，商家所开展的相对优惠和绝对优惠相比较而言，作用发挥得更大一些。Chatterjee 等（2000）通过研究提出，认知程度高的消费者在评价经济结果的时候和表述框架没有关联，而认知程度低的消费者在评价经济结果的时候和表述框架有一定的关联性。Simonson 和 Drolet（2004）在其相关论著中以锚定效应就独断的"锚"对顾客的购买意愿等进行了探究和分析，研究结果表示，在买和卖

的决策中，买方和卖方都对产品的市场价值定位不是很明确，然而在定价产品中，买方和卖方的意愿是不一样的，因为买方还有其他的替代产品可以进行选择，而卖方只有这个产品去进行交易，所以，两位学者对购买意愿和支付意愿不一样的地方和不确定的地方的最初来源进行假设，涵盖有不确定性的交易意愿，这是由于消费者对不确定价值的产品的交易意愿更易被外界干扰。Zhang 等（2020）基于展望理论探究了宏观经济条件和用户口碑对消费者的购买决策的影响。

2. 价格促销策略研究

Thaler（1985）在相关研究中发现，在评估潜在的交易成本所带来的效应的时候，消费者在通常情况下所设定的参照点是参考价位。在此基础上，他对提高产品价格的几条策略进行了总结：对一个比较高的参考价位进行构建和明确，或者是通过其他宣传方式，让消费者感受到这个产品的成本的多少。例如，给产品设计一个非常美观而又价值不菲的外观包装，使人们的购买意愿得到有效提升；或者对这个产品实施捆绑销售，通过捆绑销售，使这个商品的参考价位变得模糊不清，从而使产品交易中对卖方不利的因素降到最大限度；还可以把这个产品放在一个橱窗中，通过橱窗不一样的视觉效果来达到产品销售的目的。Hayunga 和 Pace（2017）使用展望理论研究了期望的名义损失和销售收益如何影响列表价格。Büyükdağ 等（2020）认为特定的折扣模式通过不同的方式来实现，这可能会导致消费者遇到不止一种选择。Timothy 和 Butler（1995）的研究表明，厂商使用价格促销策略的时候，把两个折扣分开呈现是消费者在决策时最喜欢的。商家开展折扣活动的时候，最好不要将折扣一次集中地呈现给消费者，而是将这些折扣分开来，从而让顾客认为自己获取了很多好处，进而产生一种购物的开心快乐的感觉。商家在开展促销活动的时候，最好要运用多种促销策略，如不把促销的好处和产品的优点放在一起，而这样的方式，会使促销活动更加有效。这是由于在"赠品促销"的促销方式中，好处依然是产品本身，也就是原来的产品，因此它的这种促销方式相比于降价促销效果要低一些。同样的道理，促销中赠送和产品互补的产品要比赠送一样的产品效果好得多，更容易受到消费者的认可和青睐，也更能发挥促销的作用。Cheema 和 Soman（2002）在其研究中，通过在商场中现场进行问卷调查，证明了消费者在商场中碰到商家意外的折扣，这时候消费者会购买比平时更多的东西，而这些是因为消费者购买了更多的计划外的产品。而该研究通过对商场内的消费记录还发现，非预期的涨价会使顾客的购买意愿得到压制，而非预期的降价会使顾客的购买意愿增加。研究发现，相对于只对一个整体价格进行呈现来说，如果对捆绑商品的价格逐个分开呈现给消费者，会使消费者对这个商品的感知度增加，会让消费者对这个产品进行有效评估，从而使购买的可能性得到增加，换一种说法就是让顾客对产品的评估增加了，因此购买的机会也相应增加。与此同时，其研究还提出，当捆绑商品中主要的产品和其他的捆绑商品的价格分布不一样的时候，消费者对捆绑商品的评价也不尽相同，同时，这时候对价格的决定主要有捆绑中的主要商品。如果这时候捆绑产品中的主要产品的价格和竞争者相比要低一些的话，消费者就会对产品积极进行评价，进而购买该产品。Timothy（2005）通过研究发现，价格以百分比的方式呈现给消费者的时候，会让人们对价格的感知更明显。这样，商家在向消费者实施价格促销的时候，当产品的折扣比较大的时候，这时候呈现给消费者就最好以百分比的形式进行。如果折扣不大的话，这时候呈现给消费者的时候就以比较的价格出现。如果折扣的相对价值和绝对价值都比较大的情况下，这时候向顾客呈现的时候就可以以上两种方式进行。Kim（2006）研究了整合定价和分离定价的选择问题，认为在下列三种条件下，整合定价比较有效。其一，在视角上附加费用比较明显；其二，在表述附加费用的时候，消费者对相关信息进行加工比较容易；其三，消费者对价格的感知是靠刺激驱动获取的。顾客对整合定价的相关捆绑商品更加偏好一些。零售企业在对商品进行定价的时候，要避免对运费等附加价进行单独标出。但也有学者认为，在零售价中将运费等附加价位单独标出可以刺激消费者消费。Morwitz 等（1998）在其研究中提出，对商品实施分离标价对消费者更具有吸引力。Xia 和 Monroe（2004）也提出，实施分离定价可以刺激顾客的购买意愿，提升顾客的价格满意度。Clark 和 Ward（2008）在其研究中也对此进行了证明。但 Chakravarti 等（2002）的研究却指出，商品分离定价是否有效是由分离部分的性质决定的。

3. 展望理论扩展研究在营销研究中的应用

Kaicker 等（1995）调查了价格预期和销售价格之间的差异对消费者购买单独定价或一起定价的产品的影响。五个收益/损失条件（即多重收益、混合收益、混合损失—净损失低、混合损失—净损失高和多重损失），其中两个补充产品的价格使用组件和捆绑定价策略。关于消费者定价策略偏好的预测来自前景理论。结果表明，研究参与者在面对多重收益和混合损失—净损失高结果时，从组件定价中获得的价值大于捆绑定价。相比之下，混合收益和混合损失—净损失低条件导致捆绑定价优于组件定价。与预测相反，受试者在面临多重损失时更喜欢组件定价。Gourville 和 Soman（1998）通过相关实验表明，实施预先支付会出现价值回落心理，也就是随着时间不断向后推移，顾客对以前的支出会逐步适应，这时候影响消费者消费决策的沉没成本逐渐变小。价值回落能够使顾客购买产品的数量得到增加。当顾客处在一个能够连续消费的场合的时候，这时候由于沉没成本的影响在逐渐变小，因此顾客就更容易购买其他的商品，从而使整个商品的销售得到了加速。Soman 和 Gourville（2001）通过分析得出，捆绑商品分离了交易成本和商品好处，因此使顾客对沉没成本的注意力得到降低，使顾客对已付费用之间的联系得到了有效降低。捆绑相比单个购买，它的消费者更会轻易不实施消费行为，而且报偿不高。对商家来讲，从中可以借鉴捆绑商品的做法进行主动限制消费，也或者刺激消费，与此同时，能够被动地对消费需求进行预测，确保对资源不足的有效管理。例如，从事票务销售的人会借助于促销季票等形式创造更多的收益。或者通过单票销售的形式，增加消费数量，扩大购买规模。影印中心等场所通过此策略的运用，发放大量的折扣卡，保障消费者能够提前进行消费付账，同时有些商家通过年卡发放招揽更多的顾客，如此一来，顾客完成了全额付款，将获得更多的折扣。还有学者研究了沉没成本效应的主要影响因素。Soman（2001）的研究表明金钱性沉没成本要显著高于时间性的沉没成本。Strough 等（2014）论证了金钱性和时间性沉没成本与社交性决策与非社交性决策的关系。Liang 等（2014）研究表明，对于在线购物而言，经验品沉没成本效应强于搜索品。之所以产生这种现象，与锚定和调整过程有着必然的联系。举个例子，人们在对竞价商品进行商讨时，往往要明确最高质量的选择，再进行价钱的调整。由于价钱调整不够充分，在价钱方面自定出的价格不同于估计价格。在他们看来，质量高的物品值得信赖。在绝大部分的交易当中，系统 1 会做出快速的直觉偏爱，锚定值是错误的。随之系统 2 会通过想方设法修正最初偏爱值，使其准确率更高。但是系统 2 时常不能判断正确值，因此结果也会造成以直觉的估计值为主。然而系统 2 为什么以低估值为主呢？在他们看来，面对锚定现状和如此调整的情况下，系统1存在不同的信号，一种是已经确认的锚定值，另一种是在系统1中拥有自信。研究相关人员指出，人们会根据系统2中的自信线索进行不断的调整。所以，只有自信建立起来，才能调整较小幅度。通过参考大量的消费决策行为，大量的特征决定了不同的质量评价。由于开始的偏爱，人才会自信满满，才会将价格不断降低。在一次网络竞卖活动中，Ku等（2006）观察到了锚定的逆效应。通过研究发现，开展拍卖过程中，往往起价较低，但最后的成交价却异常的高。产生此现象的原因在于起价低，拍卖的门槛自然也不高，由此参与拍卖的人数会大幅度地增加，销售市场进一步扩大。与此同时，起价低，沉没成本自然就会更高，交易次数也不断增加，那么成交价在最后自然变得更高。他们在研究中还发现，起价与成交价之间存在中介变量，那就是所谓的交易次数，它与起价之间的关系呈负相关，换句话讲，就是交易次数之所以多是低起价所造成的；而交易次数变少，与高起价息息相关。成交价与交易次数之间存在正相关的关系，也就是成交价高意味着交易次数多；反之，成交价低也意味着交易次数少。所以，只有控制好交易的次数，起价与成交价之间才能构成正相关的关系，也就是低起价能够导致最后的较高成交价；反过来，较高起价势必带来较低的成交价。Hayunga和Pace（2017）利用展望理论来研究期望的名义损失和销售收益如何影响列表价格。通过来自全国房地产经纪人协会的丰富的数据集来考虑这些影响列表价格的多个因素，其中包含卖方动机、结构流动性和其他难以观察的变量（如卖方年龄、种族和收入）。

（二）国内相关研究文献回顾

相对来讲，国内应用展望理论的研究起步比较晚，从文献综述的年代来看，基本上都从Kahneman获得诺贝尔奖两年之后，也就是2004年才逐渐多起来，此时，国内学术圈开始重视行为金融、行为经济学的研究，将展望理论应用到营销相关研究的时间还要晚一些。不过，从以下文献的回顾总结就可以看出，展望理论相关研究在近几年应用越来越广泛。

1. 顾客行为决策研究

从文献收集来看，国内目前应用展望理论研究顾客行为决策的研究还是一个有待深入的领域。张黎等（2007）研究指出，对于高价产品的降价来讲，无论变化范围是大还是小，降价在表述上采用什么样的方式，都不会影响到购买意愿。然而，低价产品的降价，对于采用什么样的表述方式，将与感知的降价幅度之间产生交互的作用。如果降价幅度较大，相比绝对数方式来讲，相对数方式能够感知的降价幅度会越大；如果降价幅度不大，那么如何表述降价都不会影响到降价幅度的感知。然而，降价幅度无论大小，它的表述方式都不会影响到购买的意愿，所以说，在价格变动如提价或者降价的表述时，如果借助于绝对数和百分比，人们的选择会截然不同。原因在于人们会对信息进行加工，一旦通过百分比来表示价格的变化时，不少消费者不会精确计算经济结果，反而通过更为便捷的方式即直觉来评判，单凭数字就能够做出计算结果，并表现出一定的购买行为。Cui 和 Chou（2016）运用展望理论对顾客面对不同促销策略时的频繁订购决策问题进行了理论研究。武瑞娟等（2012）的研究将节俭消费观引入研究沉没成本效应。它很大程度上影响着消费者决策，主要体现在支付方式影响着消费者的决策。刘琳和王玖河（2022）从顾企互动的视角对顾客知识共享的决策行为进行了分析，并通过演化博弈模型的构建和仿真分析探究了知识共享成本、知识共享收益、知识储备量和收益分配系数等因素对顾客知识共享决策行为的内部影响机制。

2. 价格促销策略研究

对于价格策略的研究中，国内学者李爱梅等（2008）的研究明确指出，当绝对值优惠低，那么相对值优惠就显得十分明显；当绝对值优惠高，那么相对应的相对值优惠就显得十分隐蔽。两种优惠都会受原始价格的左右，一旦原始价格低，相对优惠效应就会表现卓著；原始价格高，绝对优惠效应同样表现十分卓著。钟琦等（2022）实证检验了不同价格促销策略对潜在消费者购买意愿的影响路径和作用机制。张全成等（2012）基于展望理论，研究了企业产品定价策略的问题，指出企业可以利用框架和锚定两种效应，针对内在参考价格，加以进行改变，提高消费者对价格的感知价值，从而提升消费者的幸福感。马伯钧和康红燕（2013）指出，价值函数中参考点变量有益于改进市场营销策略，具有十分重要的理论指导价值。管理者为了有效提价商品，可灵活改变消费者参考点的方法，然而并不使商品的需求有所降低。第一，将可感知的参考价进一步提高，这当中既有零售价也包括附加的奢侈品，以此达到价格提高的目的；第二，实行捆绑销售；第三，模糊化处理消费者的参考价格。这样一来，交易的无效影响就会淡化，举个例子，可将产品进行出售时更换尺寸等。尤其在信息不一致的情况下，没有任何购物经验的消费者一般会根据零售指导价做出购物的选择。通过这种方式对参考点价格加以改变，不但增强了消费者的购买需求，同时也进一步加大了购买概率。张华等（2022）通过建立平台价格折扣和现金券两种由平台作为决策者的价格促销模型，探讨平台的最优价格促销策略，研究结果表明，只有当商品的基本需求、消费者价格敏感度和商品价格满足一定条件时，平台价格促销才能提升平台利润。

3. 订货行为模式研究

近几年，展望理论在国内研究市场需求下的订货行为模式或订货模型问题的文献中应用较多，但实证研究非常少见。刘咏梅等（2010），通过采用展望理论，根据需求不定的情况，明确零售商的订货行为，构建新型订货模型，并与传统订货模型做了实证比较分析。结果表明，在我国早餐订货过程中，零售商并不是完全理性的，它更加偏向于防范和规避风险，并且通过适当地缩减订货量，在展望理论订货模型的基础上，将零售商的订货行为描述得更加全面。周永务等（2012）运用报童模型，分析了理性和非理性零售商之间的不同之处，主要体现在以下两方面：一是商品的订购量；二是所得利润，从而能够计算出过度自信零售商损失的利润多少，并且分情况讨论，供应商是否能采取契约机制实现有过度自信零售商的供应链利润最大化。周艳菊等（2013）将文献中的单一产品通过进一步的扩展，变为两个产品，这将为多产品的到来打下坚实的基础，使展望理论在描述具有更强现实性的多产品报童问题方面前进了一步。算例分析时往往会在展望理论框架下，从需求不确定性、损失厌恶系数等多个方面分析产品的订货问题，进一步验证此模型在描述零售商真实订货行为方面的效果。李昌文等（2014）在广告费用与订货量的联合决策报童模型中引入了个体过度自信的行为特征，为在随机需求的条件下的过度自信零售商，组建广告与订货量间的决策模型。说明在需求依赖于广告投入时，其广告费往往是理性零售商远远低于过度自信的零售商。深入研究了两种不同类型的零售商在信念期望利润和实际利润方面的对比变化情况。最后，结合数值例子，对模型进行了灵敏度分析。丁若宸等（2015）针对供应商所采取的一系列策略，特别是回购策略，加上展望理论的运用，分析损失厌恶型零售商与供应商回购之间的系数，从而明确系数与零售商损失厌恶程度间不可分割的关系。研究表明，在一定范围内，损失厌恶型零售商的最优订货量随回购系数的增大而增大，供应商的回购系数随零售商损失厌恶程度的增大而增大。褚宏睿等（2015）在展望理论的框架下，通过引入回购和缺货惩罚因素研究了三种情形下报童最优订货量问题，通过证明给出了特定参数条件下展望理论中的报童与经典报童最优订货量两者之间的关系，并且明确展望理论最优订货量与回购价格及缺货惩罚价格的函数变化关系，最后通过数值分析说明了研究结论。李新军和康建群（2016）运用展望理论，考虑了损失厌恶报童期望水平对其损失厌恶程度的影响，扩展了损失厌恶报童模型，分析了多个基于期望的损失厌恶报童向一个风险中性供应商竞争订货的情形，研究了报童相关参数对报童均衡总订货量的影响。在电商促销环境背景下，周叶等（2016）依据展望理论对于收益与损失存在不同效应系数的电商企业构建效应函数，分析其订货决策的影响因素。其研究结果表明：对于电商企业来说，最优订货量随着其盈利时效应系数的增大而增大，并随着损失厌恶系数等的增加或者减少。同时，通过数值分析，判断结论的正误，并在促销环境下，理论指导电商企业。在传统报童模型理性人假设的基础上，引入锚定心理研究零售商的订货问题。建立了考虑零售商锚定不充分调整偏差的新的订购模型，通过模型分析发现零售商受锚定心理影响，其订货行为出现"偏向均值"现象。分析了锚定心理对零售商实际利润的影响，发现锚定心理水平越大，零售商的实际利润越偏离最大期望利润。通过灵敏度分析探讨了零售商锚定心理水平对于零售商实际订货量以及实际利润的影响程度，证明了在分析零售商库存行为时考虑锚定心理的合理性。张超和张鹏（2016）通过对过度自信等对库存系统产生影响的因素进行研究，并借助均值增加的变换来定量刻画决策者的自信心，从而能够容易获得系统最优订货量和最优利润对过度自信水平等的单调性。证明随机大的需求会导致较高的最优订货批量，系统最优订货量在差序格局理论下具有随机的单调性质，而且针对比较系统最优订货量给予充分的必要条件。另外，通过采用标准化随机变量的变换，进一步验证了高利润环境下系统利润将随着需求可变性的增加而减少。在供应环境不确定的情况下制定定价策略，供应不确定会损害所有供应链成员的利益。当思考成本较小时，制造商依据制造成本制定适中价、高价和低价策略。适中价和高价策略均会刺激消费者思考,但仅当采取高价策略时,制造商利润会受思考成本影响。制造商(或零售商)也可制定低价策略抑制消费者思考而直接购买,此时制造商(零售商)利润随思考成本增大而增大(减少)。当思考成本偏大时,虽然消费者不思考,但是定价仍需考虑消费者的期望感知价值。

4. 展望理论扩展研究的应用

李爱梅等(2012)研究发现心理账户的内隐分类存在文化差异,中国人的心理账户有其独特之处。国内在研究其中的禀赋效应方面,汪涛等(2009)在体验经济的背景下,研究禀赋效应对顾客参与的感知价值所带来的正面影响,指出顾客参与的条件下,利益感知被放大,而损失感知则被缩小,进而在产品等方面能够得到更高的感知价值,然而,在此领域的研究还比较浅显。吴晓涵(2022)利用心理账户理论与展望理论解释了数字支付对家庭消费的推动作用。汤健和张红(2021)以展望理论为基础利用多元回归分析,研究禀赋效应的存在性及其对并购溢价的影响。其结果表明公司并购过程中存在禀赋效应,且该效应显著提升了并购溢价;不同行业的公司并购事件中禀赋效应对并购溢价的影响具有差异,新兴行业公司并购中禀赋效应的影响更为突出。从当前来看,国内耐用品市场较高频率地出现"换货"交易,此交易当中,国内消费者会不会受到禀赋效应等的影响,将开拓心理账户跨文化研究的新领域。戚译和李文娟(2009)实证研究了两种自我概念归因即个人自我归因—享乐倾向和他人自我归因—公众性自我知觉以及参照群体对炫耀性消费的影响。结果表明,炫耀性消费受到公众性的自我知觉、享乐倾向和参照群体的影响,且自我概念归因受到参照群体的有效调节作用。我国的正统文化为儒家文化,它一直以来提倡"大家"这一概念,也就是使集体主义始终与外部的联系始终协调。所以,中国人性格之中,集体的影响、他人的认同都会产生积极的影响。一定条件下的决策也必须考虑到集体和他人等"大家"的利益。卢长宝等(2013)依据经典文献,把时间压力可划分成个人时间约束等三个维度,而在虚假促销决策中的过度自信又可划分为夸大感知利得等两个维度。在此基础上,通过实证调研获得的数据对所构建的虚假促销购买决策认知机制模型进行了检验和分析。数据分析结果表明,在虚假促销活动中,消费者购买决策中的时间压力与决策自信程度有着显著的正相关关系,而过度自信又对购买意愿有着显著的影响。因此,将过度自信看作虚假促销活动诱致的"热"

心理状态，很好地解释了消费者上当受骗的认知机制。从各变量的具体维度来看，促销时间压力比个人时间约束更易引起过度自信，比风险意识缺失对购买意愿的影响更大。杨洋等（2017）提出虚假促销类型和虚假促销深度这两个虚假促销特征，探索了其对网店虚假促销溢出效应的影响。研究发现，虚假促销类型对竞争网店溢出效应的影响存在差异；虚假促销深度正向影响溢出效应的强度。

第五节 本章小结

本书研究双营销驱动策略对经销商订货行为和厂商绩效的影响，必须在以往研究成果基础之上，通过科学和严谨认真的态度对国内外学者的相关研究进行全面梳理和总结，作出客观的回顾和评价。然后，通过对现有研究的总结和研究文献的梳理，对现有研究的不足和空白科学问题进行充分的归纳和提炼，从而创新性地引入新的研究视角，提出新的研究问题，构建起本书研究的模型设计。根据本章的文献综述，在相关研究领域，国内外营销学者们已经进行了大量研究，产生了丰富的研究成果。进一步梳理和归纳现有研究成果，主要在于：

第一，价格促销方面主要是基于消费者视角取得了大量研究成果。相关研究可以大致总结为以下几点：

其一，早期的消费者行为研究获得了一个普遍的结论：价格促销提升了消费者的购买意愿，带来购买数量的提升和购买周期的缩短，加速了产品的销售进程。Ward 和 Davis（1978）的研究，通过时间序列模型验证了返券型促销对购买数量的提升作用。促销对购买数量的提升作用强于对购买周期的缩短作用。Neslin 等（1985）在上述研究的基础上，验证了各种促销措施对消费者购买能力方面的影响。Busalim 等（2022）的研究显示，对于零售商来说，实施价格促销能够使店铺的客流量得到有效增加，从而使商店的销售额得到一个非常明显的提升。

其二，价格促销会对消费者的品牌决策产生影响。Guadagni 和 Little（1983）通过对零售商数据的分析，发现促销可以使消费者对品牌的选择发生改变。但是，还有很多研究显示，虽然促销在短期内可以使销售额得到进一步增加，消费者会对品牌发生转换行为，然而，基于长期视角来进行观察，却会带来品牌的侵蚀。Dodson等（1978）的研究推论出促销停止后并不会改变消费者的品牌忠诚，促销驱动的品牌转换行为也随即停止。Yoo等（2000）研究发现，促销会显著地负面化消费者对品牌的评价。另一些研究者则认为促销并不会带来品牌价值的减损，原因是消费者会很快遗忘之前发生的购买行为。国内学者江明华和董伟民（2003）的研究也表明，虽说折扣幅度大的价格促销可以对消费者的购买意向产生积极的影响，但对消费者的品牌忠诚度和对产品的感知质量来说，产生的影响却是负面的。

其三，价格促销的类型、频率和强度也会对消费者的购买行为带来影响。国外学者通过相关研究发现，如果仅仅是从常规售价和商品促销价格这两个价格来观察的话，打折幅度的大小要比打折频率的多少对消费者的影响要更大一些。同时国外学者还提出，消费者对商品的价格变动是存在一个阈值点的，商品打折的时候只有在这个阈值点以上，这时候消费者才会感知到商品的价格是优惠的，才会对消费者产生一定的影响。国内学者李爱梅和凌文辁（2009）在心理账户理论的基础上，研究了相对值价格促销和绝对值价格促销所带来的不同的影响。不管是相对值价格促销，还是绝对值价格促销，都受到商品的原始价格的影响。价格促销的实施方式有很多种，在商品降价幅度一样的情况下，消费者不同，而对商品的选择也各不相同。Folkes和Wheat（1995）研究指出，返还现金和发放优惠券、商品打折等两种价格促销形式相比较而言，明显地提升了顾客对商品的价格感受。同时，他们还发现，相比于促销好处的延迟得到，消费者在购买商品的时候就拿到促销好处会感受到商品价格更低一些。Chen等（2007）就商品打折和发放优惠券对顾客价格感知的影响进行了研究，结果发现，顾客认为持有优惠券相比较于商品打折而言，价格更显得优惠点，因此优惠券更能改变顾客的购买意愿。除此之外，只单单向一些消费者发放优惠券，如对VIP顾客附送优惠券，会使消费者产生一种被看重的优越感，从而会更愿意购买产品。Gilbert和Jackaria（2002）等通过对英国商场内消费者实地购物开展调查问卷，就商品打折、赠送优惠券、发放试用品和买一赠一活动四种促销手段对顾客的购买意愿的促进、品牌忠诚度、产品试用和囤积货物等行为的影响进行了比较分析，从而得出了商品打折对消费者的影响最为明显的结论。Hardesty和Bearden（2003）通过消费者对返还优惠券和商品打折两种促销活动的评价的研究，得出了在促销力度一般的情况下，消费者对商品打折和返还优惠券的评价是基本一样的，然而在价格促销力度变大的情况下，这时候消费者更倾向于商品的打折活动。在对香港 200 多名商场购物人员现场调查的情况下得出，商品实施打折活动或者开展买一赠一活动，会加速消费者的购买意愿，使消费者愿意囤货存储。郝辽钢等（2008）在对消费者开展问卷调查后得出结论，商品实施购物赠礼促销活动可以督促顾客更快地完成购买活动。从总的研究来看，实施价格促销中，最为有效的是打折促销，而效果最不明显的是购物抽奖促销活动。Chen 和 Li（2020）研究发现，价格促销的感知诱惑、促销品类的感知丰富度、促销活动的感知乐趣和大众参与的感知传染性显著正向影响消费者参与意愿。

其四，有学者认为促销带来了消费者的囤货行为。Gupta（1988）的研究表明，促销活动的开展，还促使消费者采取囤货活动，会购买多余的货物存储在家中，也就是说开展价格促销可以刺激消费者的囤货行为。在相关研究中也发现，商品开展价格促销活动后一段时间，商品的销售会出现一个回落现象，这是由于商品开展了价格促销，导致消费者对商品进行了囤积，因为一次性购买的产品较多，因而在以后一个时间段内不再购买，所以导致产品销售出现回落现象。Moriarty（1985）和 DelVecchio 等（2007）分别提出，当进行价格促销，也就是商品大幅度打折的时候，消费者通常情况下会出现超量购买行为，出现对打折的商品进行大量的存储行为，甚至是过量的存储。具体来讲，经历多次促销后的消费者在单次购买意愿上有所下降，而在单次购买数量上则有所上升。

第二，指出了 B2B 贸易市场与消费者市场的决策主体在营销决策上存在明显的不同。Zhang 等（2014）具体到价格决策，总结了 B2B 市场和 B2C 市场在定价决策上的差异。B2B 市场销售的产品和服务通常具有更强的定制化特征，其销售主要是通过销售员实现。上述条件意味着厂商的定价方式更加灵活，如可以采取价格歧视，对不同客户采取区别定价或者在不同的时间对同一客户采取不同的定价。而与之相反，B2C 零售商受限于客户信息的不完整性和商业道德的考量，较难采取对每一个消费者单独定价的策略。这样的差异性意味着相对于 B2C 市场，在 B2B 营销中，厂商能够更有效地对客户采购行为的充分理解并利用其发展出更有效的定价模型以实现多样化的销售目标。梁冬寒等（2012）研究了实施价格促销前后供应链的上游和下游企业的利润分配格局，从企业所获得的利润来看，制造商所获利润明显高于零售商，而且价格促销对供应链上的利润分配并没有产生太大的影响作用。赵心依（2020）探究了在竞争供应链中，采取集中策略能提升供应链的竞争力，但当竞争达到一定程度，则会陷入"囚徒困境"；促销参与决策受供应链的定价决策、供应链之间的竞争强度以及平台设置的促销力度影响。Bruno等（2012）也指出，单位价格上涨或下降对客户订购行为的影响程度是不对称的。这与消费者视角研究中消费者对价格上涨和下降的反应一致。但是，在B2B营销中，对厂商来说，则更能有效地对经销商的采购行为进行策略性的价格歧视或操控。然而，根据LaPlaca和Katrichis（2009）的统计，在营销领域的顶尖期刊上发表的关于B2B市场的研究仅占整体研究数量的3.4%，在营销研究中，B2B市场情境相较于消费者市场，是一个研究并不充分的领域。

第三，对中国文化背景下关系营销在B2B营销中的研究已得到营销学者们的重视但缺乏理论及实证研究。Morgan和Hunt（1994）的研究指出，在B2B经营环境中，厂商与客户间的长期合作关系是一个重要的考虑因素。基于社会交换理论，厂商与客户间的信任、承诺和规范能够影响厂商和客户之间的长期合作关系。研究结果显示，"关系"这种非价格促销手段对顾客满意度和绩效有正面影响。国外学者Woo和Ennew（2004）和国内学者沙颖等（2015）的研究都验证了好的关系质量（关系状态）在促进企业获得更好绩效方面的积极作用。国内学者周筱莲等（2016）以综述的形式研究了关系营销在中国市场情境下的几种主要观点。庄贵军（2012a）研究指出中国文化背景下，一个人在其成长的过程中所参加的各种社会活动，都可以为其建立起越来越多的社会关系，并逐渐积累，其实，这种社会关系是表现为一种关系状态，它既是关系行为的基础，也作为一个人构筑关系的初始条件，同时又表现为关系行为的一种结果。中国人大都很乐意通过扩展"自己人"的范围，来构建起一个由远及近的"以自己为中心"的差序格局式的关系网络。赵宏霞和刘岩峰（2013）、宋书楠等（2012）、周茵等（2011）都对关系营销的作用机制进行了研究，不过，他们都是以西方关系营销理论尤其是以"信任—承诺"理论为基础的。

第四，运用行为决策理论尤其是展望理论进行经销商订货行为模式的研究正成为近两年的营销研究重点。企业并非拥有完全理性的经济个体，研究者发现在B2B领域，行为经济学的一些观点，如展望理论，同样适用于B2B情境下的厂商和客户。有研究指出与展望理论的预测相同，经销商在面对预期损失时的反应要大于面临预期收益时。不过，在消费者市场中，价格直接呈现给顾客，顾客通常只需要简单做出购买什么商品、购买时间和购买数量的决策。厂商必须事先做出对顾客需求和价格弹性的估计，从而给出最优的定价。而在B2B销售中通常会存在询价环节，厂商通过询价这一环节就能够观察到客户的需求和价格弹性，这允许其销售人员根据询价后获得的信息灵活制定价格策略。相较于普通消费者，厂商和客户在经济学模型中更接近于理性人的角色。这意味着许多基于消费者行为的研究并不一定适用于B2B情境。Hayunga和Pace（2017）运用展望理论研究了期望的名义损失和销售收益如何影响列表价格。张全成等（2012）基于展望理论，研究了企业产品定价策略的问题。禹海波和王晓微（2014）为了研究影响库存系统的因素，选择以研究过度自信为突破口，并且基于需求不确定性因素。丁若宸等（2015）针对供应商所采取的一系列策略，特别是回购策略，加上展望理论的运用，分析损失厌恶型零售商与供应商回购之间的系数，从而明确系数与零售商损失厌恶程度之间不可分割的关系。周叶等（2016）在电商促销环境背景下，依据展望理论对于收益与损失存在不同效应系数的电商企业构建效应函数，分析了其订货决策的影响因素。不过，通过本章文献综述综合现有研究成果来看，本书认为，国内外营销学者们的研究在价格促销策略、关系营销以及订货行为决策等方面的成果为本书研究奠定了坚实的基础，但是，研究成果明显不足：其一，价格促销方面的研究大多集中在消费者领域，在营销研究中，B2B市场情境相较于消费者市场，是一个研究并不充分的领域。其二，部分学者已经指出了B2B市场与消费者市场存在的差异，不过，先前的研究结论是否适用于B2B市场的经销商促销领域的研究并未发现，有待进一步验证。其三，已取得的研究成果对营销策略影响经销商行为决策变化的研究观点迥异、看法不一致，亟待进一步研究验证。其四，以中国文化背景为基础的价格策略和关系营销研究十分缺乏。其五，国内学者们对关系营销进行的相关研究大都是以西方关系营销理论尤其以"信任—承诺"理论为基础的，如何做到在中国文化背景下运用中国的关系理论研究中国的商业关系至关重要。其六，以企业真实数据将价格策略和关系策略结合起来纳入同一模型进行的研究并未发现，从本就相互影响的促销策略和关系策略的交互作用视角进行的研究未被发现，也未发现有从B2B关系的"适应性"发展方面进行内在机理研究的文献。其七，缺乏实证研究，虽然有许多文献对中国市场上经销商受厂商策略影响下的行为决策尤其是订货行为和订货模式开展了研究，但很少有针对该领域的实证研究。在消费者市场中，价格直接呈现给顾客，顾客通常只需要简单做出购买什么商品、购买时间和购买数量的决策；在B2B销售中通常会存在询价环节，厂商通过询价这一环节就能够观察到客户的需求和价格弹性，这允许其厂商根据询价后获得的信息灵活制定价格策略，厂商必须事先做出对顾客需求和价格弹性的估计，从而给出最优的定价策略。这种决策差异则更显示了B2B促销关系研究的重要性和迫切性。因此，在B2B营销关系领域还有大量的工作需要营销学者们去不断推进和完善。

总结来看，在营销关系研究中，理性与非理性、经济性与关系性、长期与短期始终是围绕价格策略和关系策略两个方向的重要研究论题，但也正是这些研究成果和不足，才一步步推动营销学研究往前发展，正是作为理性、经济性和短期策略的价格促销和非理性、关系性和长期策略的关系营销这两条主轴线支撑了国内外营销学研究的整个过程，并驱动着营销学研究和营销实践的演化和发展。本章文献综述正是沿着这两条主轴线对本研究以及研究涉及的理论、成果和变量进行了回顾和讨论，梳理如下：

第一，本章运用社会交换理论的框架整合了价格促销驱动营销策略和关系驱动营销策略，并对这两个营销研究和实践领域的重要驱动因素，对相关的概念、含义和研究现状进行了回顾和述评。第二，本章对中国情境下特殊的"关系营销"研究进行了总结和界定，通过对差序格局和关系状态相关理论的述评，探寻关系驱动策略在构建营销体系中的重要影响。第三，本章通过引入行为决策理论，对展望理论及其扩展研究进行了详细的归纳总结，对目前国内外应用展望理论的研究进行了梳理，提出了本书的理论基础和行文支柱，给经销商面对不同营销策略驱动下的订货行为反应以有力的解释。

第三章 模型构建和假说形成

第一节 研究模型的构建

正如 Chen 和 Godkin（2001）研究指出的，儒家思想基本上是非竞争的、和谐的且容忍的，在文化因素与历史背景的影响下，西方的组织行为模型并不适合于华人组织。尹洪娟等（2008）也认为，由于中西方之间的社会交换关系差异非常大，在跨文化的适用性方面有待进一步评估。因此，本章在前人研究基础上，根据中国商业关系的关系特征，根据前文的文献回顾，把关系驱动和价格促销驱动两种营销策略作为驱动因素，把经销商订货行为和厂商销售绩效作为结果变量，构建一个中国文化影响下的基于双驱动营销策略的经销商行为和厂商绩效框架模型，主要包括三部分：一是基于双驱动营销策略的经销商订货次数模型；二是基于双驱动营销策略的经销商单次订货量模型；三是基于双驱动营销策略的厂商销售绩效模型。

根据价格促销策略在 B2B 营销中的应用，Bruno 等（2012）的研究指出，虽然各种促销都是有效的，但单位价格上涨和下降对客户订购行为的影响程度是不对称的。在制造商对经销商的价格促销策略实践中，常用的有三种：第一种是经销商在一定期间内对指定产品订货可享受特定比例或金额的价格下降优惠，营销实践中一般称作奖励型价格策略（以下简称"奖励型促销"）。第二种是厂商提前对经销商发出通知，让经销商提前获知"在通知所规定的时间之后，对通知产品的价格会有一定比例或金额的上涨"，称为威胁型价格策略（以下简称"威胁型促销")。本章将这两种价格促销策略称为价格折扣促销策略。第三种是B2B贸易促销的一种常见形式，大部分厂商都会给经销商指定产品的销售任务设定一个量，并要求在一定时间内完成，任务完成后，经销商就可以获得指定产品销售的一定比例的订金返还，称为返利策略。该策略一般还会制定不同的返利比例，同时规定不同的任务量，某些情况下对经销商会采取两种方式的结合，也就是制造商给经销商设定不同的销售任务量，根据不同的任务量的完成难度，从而设定出与之相对应的固定比例的返利比例，或者是规定的返还金额，任务量指数越高，得到的返还也就越高。实施返利策略，能够覆盖大多数的经销商，通过经销商返利策略，制造商可以区分出经销商的层次与水平，同时，也可以刺激与激励经销商的销售。另外，在本书研究开始，就提到在对营销实践者进行深度访谈的时候遇到的问题，结合本书对37位厂商营销经理和92位经销商单位负责人的深度访谈，笔者认为，对经销商订货行为进行"订货批次（订货频率）"和"订货批量（订货次数）"这样的分解，无论是对于营销实践还是学术研究无疑都是有非常重要的研究价值的。根据经销商订货行为表现出的频率高低和单次订货批量多少，可以形成一个四象限矩阵，从厂商角度来讲，不管采取任何营销驱动策略，所希望获得的都是能够带来经销商高频高量订货，这也意味着在营销策略驱动下厂商销售绩效的提高。

  Zhang 等（2014）总结了B2B市场和B2C市场在定价决策上的差异，指出，这些差异意味着相对于B2C市场，在B2B营销中，厂商能够更有效地理解客户的采购行为，并利用其发展出更加有效的定价模型以实现多样化的销售目标。基于上述分析，本书将关系营销策略和价格促销策略同时引入B2B市场情境下厂商对经销商实施营销策略的研究，把经销商总订货量、订货意愿、订货频率、单次订货数量以及厂商的总销售额、订货批量作为因变量，把奖励型促销、威胁型促销、返利策略和关系营销策略作为自变量。在经销商订货行为受厂商策略驱动影响中，订货频率的高低和订货批量的大小变化会表现出四种不同的订货行为模式，依次为"高频高量—高频低量—低频高量—低频低量"，当经销商表现出"高频高量"订货行为模式的时候，厂商对该经销商的销售绩效是最好的；反之，"低频低量"的时候，厂商销售绩效最差。厂商之间不管是何种类型的驱动策略，关系状态既作为一种驱动因素影响了经销商的行为和厂商绩效，又在厂商实施价格促销策略的时候提供了不同的营销情境。在双驱动营销策略的影响中关系状态和价格促销的相互关系中,本章研究实际上包含了两个层面的关系:一是关系状态作为主效应影响经销商订货行为和厂商绩效的时候为独立因素;二是关系状态做调节变量的时候实际就是为厂商的营销策略提供了一种营销情境。

根据营销实践和深度调研得知,由于在面对厂商营销策略的时候,很多情况下很多经销商会表现出不下单订货的行为,因此,首先要分析双驱动营销策略对经销商是否下单订购的订购意愿的影响,其次分析对经销商订货批次和单次订货量的影响,同时本章将重点分析关系驱动营销策略和价格促销驱动营销策略的交互影响,因此,为了更好地理解,在假说形成的部分把模型(见图3-1)分成五个小模型,包括:①基于双驱动营销策略对经销商订货意愿影响模型;②基于双

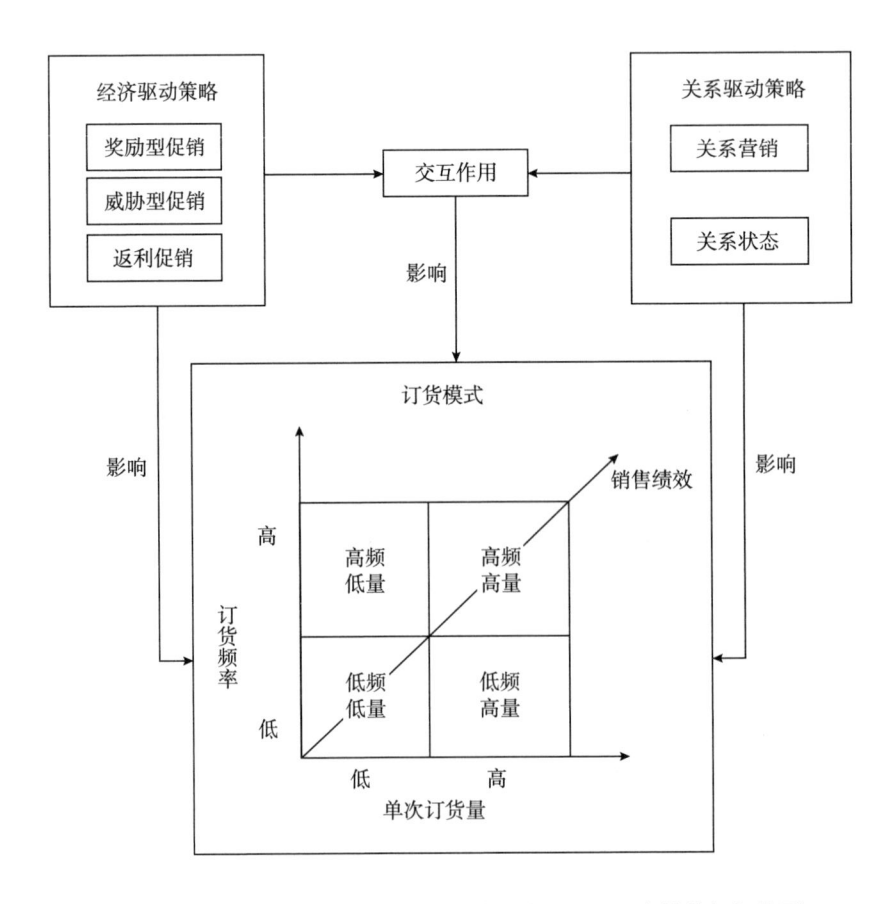

图3-1 基于双驱动营销策略的经销商订货行为和厂商绩效框架模型

驱动营销策略对经销商订货批次影响模型；③基于双驱动营销策略对经销商订货批量影响模型；④基于双驱动营销策略对厂商长期销售绩效影响模型；⑤关系驱动策略和促销驱动策略交互效应的假说和模型。

第二节 双驱动营销策略对经销商订货意愿影响的假说和模型

一、概述

本章以前文的文献综述为理论基础，从制造商企业在 B2B 情境下对经销商实施价格促销策略和关系策略两种营销驱动策略入手，分别对两种截然不同的价格折扣促销策略、返利策略以及关系营销策略对经销商订货意愿的影响进行深入研究。价格折扣型促销策略包括奖励型促销策略和威胁型价格促销策略，另外，还包括针对经销商价格促销中的一种特殊形式——返利策略。

行为决策科学与展望理论认为，对于各种类型的促销策略，经销商的订货决策意愿表现也会有所不同，本章就上文中所提到的促销策略进行研究。在面对三种不同的价格促销策略时，经销商会在"是否订购"的这个问题上进行决策，表现出不同的行为意愿，也就是是否决定订购的倾向。另外，价格折扣促销策略中，无论奖励型还是威胁型，都会有一个特定的降价或涨价比例，这里会有一个价格折扣促销的幅度，也就是促销强度。DelVecchio 等（2006）通过元分析总结了促销对品牌感知和价值的影响，元分析结果表明，消费者没有预期的价格折扣会降低消费者的品牌印象，而发放购物券则在总体上对品牌印象有提升作用；并且，促销强度具有调节作用。因此，本书将对两类价格折扣促销策略的促销强度作进一步的检验。

Kotler（2001）指出，经销商和供应商的关系不仅体现为经济上的交易关系，往往也体现为社会交换关系。Morgan 和 Hunt（1994）研究指出，制造厂商与客户间的长期合作关系是一个重要的考虑因素。基于社会交换理论，厂商与客户间的信任、承诺和关系是否规范，将对制造商和经销商的长期合作关系产生直接影响。Eyuboglu 和 Buja（2007）以类达尔文选择模型的方式提出了一种新的解释营销关系的新范式——"类达尔文选择范式"（Quasi-Darwinian Selection），其作为一个"应当与因果关系范式并驾齐驱"的解释性范式，为营销关系的解释提出了一个全新而有益的视角。他们指出，合作关系双方会根据对方的行为（如价格策略、促销等）适应性地进行己方行为的改变，从而产生使双方关系持续发展的适应性模式，并促进双方关系的发展。同样，根据关系状态理论，当厂商关系呈现不同关系状态的表现的时候，会根据不同的关系法则进行决策，从而表现出不同的关系行为，家人型关系状态跟生人型关系状态的厂商关系中，经销商表现出的订货意愿也是不同的，因此，本章还会探讨关系驱动营销策略下，处于不同关系状态的经销商订货意愿的差异。

二、价格促销策略对经销商订货意愿影响的假说

有关价格促销策略对消费者购买意愿影响的研究文献较多，并且较早期的消费者行为研究也已经获得了一个普遍的结论：价格促销提升了消费者的购买意愿，带来了购买数量的提升和购买周期的缩短，加速了产品的销售进程。Folkes 和 Wheat（1995）研究了商品折扣、发放优惠券和现金返还等价格促销方式影响消费者的感知价格问题，结论显示，商品折扣和发放优惠券能显著降低消费者对未来价格的预期。从感知价格理论的角度来看，价格促销策略对于消费者的内部参考价格起到了降低感知的作用，因而会促使顾客购买行为的发生。DeSarbo 等（2001）在概念上给出这样的解释，即企业为提高销售的业绩必然通过有效的手段，那么价格促销成为首选，它与众不同的地方在于一时的价格让利使消费者等对象能够对产品或者一类服务产生极大的好奇心和欲望。顾客对价格的预期和参照点的对比成为影响不同促销方式效果的一类重要因素。国内学者江明华和董伟民（2003）也对此进行了研究，结果发现，实施价格促销会极大地影响到消费者的购买意愿。相比来看，以往以经销商为视角的研究主要关注促销驱动的效果，研究者普遍将促销的效果区分为短期效果和长期效果。Bruno 等（2012）发现，单位价格上涨或下降对经销商订购行为的影响程度是不对称的，不过都对经销商的订购意愿形成影响，这与 B2C 研究中消费者对价格上涨和下降的反应是一致的。因此，同消费者行为研究得到的普遍结论一致，短期来看，B2B 价格促销确

实起到了促进销售额增长的作用，是因为当经销商面对价格促销策略的时候会表现出更强的订货意愿。

不过，作为比较典型的两种价格促销策略——奖励型策略和威胁型策略，由于对行为决策者预期的影响有差异，因而对经销商订货意愿和行为倾向驱动的效果应当是不同的。正如 D'Astous 和 Jacob（2002）的研究指出的，消费者对立即提供利益的促销方式有更强的偏好。因为，根据展望理论的"框架效应"原理，直接降价优惠是奖励型促销方式的关键特点，它给客户的感知就是，在促销期订购该产品就有"收益"；威胁型促销则是通过告知客户订购日期，给客户传递一种在某段时间内订购产品可能会有利益"损失"的感知。这样分析来看，虽然各种类型的价格促销策略对经销商订货意愿都会有显著影响，但是，影响却不尽相同。因而，在面对奖励型促销策略的时候，客户所获得的感觉首先就是"收益"，订购意向就会更强烈。根据交易效用理论的观点，客户往往将正常订购价设定为参考价格，由于企业在奖励型促销期间的价格一般会低于参考价格，客户能够获得更多的收获感知，认为促销期进行交易会更划算，从而更提高了订购的可能性。

基于上述推理，本节提出以下假说：

H1：厂商采取奖励型促销策略，相比威胁型促销策略，经销商表现出更强的决定订货意愿。

三、促销强度调节作用的假说

Hardesty 和 Bearden（2003）指出，所谓的促销力度，或称促销强度，就是指经销商的促销利益水平，是促销策略实施的变化幅度的大小。在不同的促销强度下，促销实施者通过影响客户的"获得效用"的感知水平，来影响消费者的交易效用。两位学者还通过消费者对返还优惠券和商品打折两种促销活动的评价的研究，得出了在促销力度一般的情况下，消费者对商品打折和返还优惠券的评价是基本一样的，然而在价格促销力度变大的情况下，这时候消费者更倾向于商品的打折活动。这与 DelVecchio 等（2006）的研究一样，都已经证实了促销强度所具有的调节效应。这样看来，无论是奖励型促销还是威胁型促销策略，当制造厂商对经销商的促销策略给予不同的促销强度的时候，也就是奖励型促销的降价幅度不同或者威胁型促销的特定涨价幅度不同，这就会影响经销商对价格促销策略的倾向性，从而影响经销商的交易效用，这就促进了经销商订货行为的变化，从而经销商表现出的是否订购的意愿的强度自然也是不同的。

根据展望理论的基本观点，决策主体在评价事务时，会与一定的参考点相比较，从而判断"收益"和"损失"。当厂商采用奖励型促销策略的时候，随着促销强度的增强，经销商对预期"收益"的感知也会增加，这样经销商的决定订购意愿也会随之变得更强；在经销商面对威胁型促销的状态下，随着促销强度的提高，经销商对预期利益"损失"的感知自然也会增加，进而驱动经销商的订购意向也会随着减弱，因为经销商会认为，订购的预期"风险"会越来越大。这种经销商订货行为意愿受促销强度调节而显现出来的更大变化，从理论分析来看是显而易见的。

基于上述推理，本节提出以下假说：

H2：在面对厂商价格促销策略时，促销强度对经销商是否订购意愿的影响具有显著的调节作用。

H2a：威胁型促销的强度越大，经销商的决定订购意愿越弱。

H2b：奖励型促销的强度越大，经销商的决定订购意愿越强。

四、返利策略对经销商订货意愿影响的假说

本节通过对相关文献的整理和营销实践的调研得知，与消费者视角的价格促销相比，经销商视角的促销方式有一个最大的区别就在于"返利型"促销策略的引入。返利型价格促销策略，作为营销实践中非常普遍的一种厂商策略，是指制造商通过一种协议、合同或约定的形式，在一定时期或期间内根据经销商对消费者的销售数量或销售金额对经销商给予一定比例或一定金额的奖励，奖励形式可以是通过价格折扣返还给经销商实现的直接奖励，也可以是通过事后补贴实现的间接奖励，并且该奖励额度或比例是事先约定的。返利策略的积极影响一直在学术界有比较统一的看法。已有研究表明，返利型促销相对于直接价格折让对渠道是一个双赢策略。Drèze 和 Bell（2003）通过实证研究证实，相对于直接价格折让的促销方式，返利型促销能够带来经销商更加理性的订货，平抑需求波动性，增加经销商对顾客的让利，同时能够获得更高的销售额。

在促销策略活动的实施过程中，顾客对获得报酬的希望越大，其参与这项活动的可能性就更大。返利型促销则正是利用了顾客的这种心理，厂商以"协议""约定"或"合同"的形式提前签订达到约定销售量经销商便可获得既定比例的"返利"，这种既定"返利"可能通过货款返还、产品抵扣或者价格大幅折让的形式予以兑现。本书通过深入调研得知，在企业营销实践中，通常来讲，通过货款返还兑现返利的方式应用最多。厂商通过货款返还等形式的返利——这种确定"利益"，让经销商增大了对获得报酬的希望，因此，经销商参与这项活动的可能性就更大，这就提高了经销商参与销售可以享受到返利的产品的可能性，从而获得预期的促销效果。根据展望理论的观点，决策主体对于确定"收益"的认定，会增加其对"收益"的重视。这样来看，本节的分析也恰恰验证了展望理论的此观点。

基于上述推理，本节提出以下假说：

H3：对于经销商来说，享受到返利策略对其订购意愿有正向影响。

五、关系策略对经销商订货意愿影响的假说

Wathne 和 Heide（2006）的研究认为，关系营销中关系双方的关系紧密程度，可以促成经济交易的进一步达成。Bendapudi 和 Berry（1997）也指出，在关系营销中，供应商的投入越多，获得的情感依靠就更多。这说明，厂商关系状态的紧密程度，不但反映出双方合作关系的发展方向和趋势，还能促进双方合作行为的经济性交易的持续进行，对经济性交换具有积极的促进作用。国内学者张闯（2008）也指出，关系营销，实际上着眼于顾客一切需求满足的各种关系要素，从本质上讲，这里的"关系"实际上就是一个"中间变量"，从而成功实现交换，"交换"体现的是真正价值与目的。Morgan 和 Hunt（1994）的研究指出，在 B2B 经营环境中，厂商与客户间的长期合作关系是一个重要的考虑因素。基于社会交换理论和类达尔文"选择"理论，厂商与客户之间的信任、承诺和关系规范能够影响到厂商和经销商之间的长期合作关系，双方会有一个适应性改变带来的关系长久持续。在这种"亲密"关系的影响下，经销商在面对厂商给予的促销策略的时候，具有较强乐观的订货意愿。

黄崇铭（2010）通过对两岸华人社会"关系营销"的比较研究，证实了华

人社会生意圈中的"关系营销"可以被表述为三步走的策略：第一步，确定双方的关系类型，具体表现为何种关系状态，根据各自内心的主观判断确定此人在自己心中所属的心理区域；第二步，根据各自适合的关系状态确定运作、交易、合作等的游戏规则，家人型关系对应的是"需求法则"，熟人型关系对应的是"人情法则"，生人型关系对应的是"公平法则"；第三步，由关系状态与关系法则的匹配程度来决定双方营销绩效的高低，家人型关系与"需求法则"的匹配增进了关系双方的亲密呈现的程度，双方表现出更加积极的合作意愿和合作行为，并带来更高的长期销售绩效。生人型关系与"公平法则"的匹配增进了双方之间的信用呈现的程度，并带来更高的短期销售绩效。这一研究显示的定律，不以时空的变化为转移，深刻揭示出华人社会的关系营销运作机制，在这一机制中，个人之间的人情来往关系对企业之间的运营促进作用也一览无余。庄贵军（2012a）研究指出中国文化背景下，一个人在其成长的过程中所参加的各种社会活动都可以为其建立起越来越多的社会关系，并逐渐积累。其实，这种社会关系是表现为一种关系状态，它既是关系行为的基础，也作为一个人构筑关系的初始条件，同时又表现为关系行为的一种结果。中国人大都很乐意通过扩展"自己人"的范围，构建起一个由远及近的"以自己为中心"的差序格局式的关系网络。在经销商和制造商之间的关系中，双方关系更加紧密，这种关系不仅体现为经济上的交易关系，往往也体现为社会交换关系。这种厂商长期合作关系所表现出来的关系状态贯穿于双方合作交往的全过程，自然影响着双方的各种行为决策和日常关系，因而也会影响到双方合作过程中的行为意愿和行为表现。据此分析，不同类型的关系状态影响着经销商的订购意愿。

基于上述推理，本节提出以下假说：

H4：厂商关系状态越倾向于家人型关系，经销商表现出的决定订购意愿越强。

六、概念模型的形成

根据以上假说，本章构建了一个以奖励型价格促销策略、威胁型价格促销策略、返利策略以及关系驱动策略为基础，反映经销商订货意愿的概念模型（见图3-2）。在不同类型的营销策略的驱动下，经销商面对策略时会表现出不同的是否决定订购的行为倾向，同时，促销的强度会在这种影响中表现出显著的调节效应。希望该模型能从整合双驱动营销策略的角度给经销商面对不同的营销策略时表现出是否订购的订货意愿影响以全面的解释。

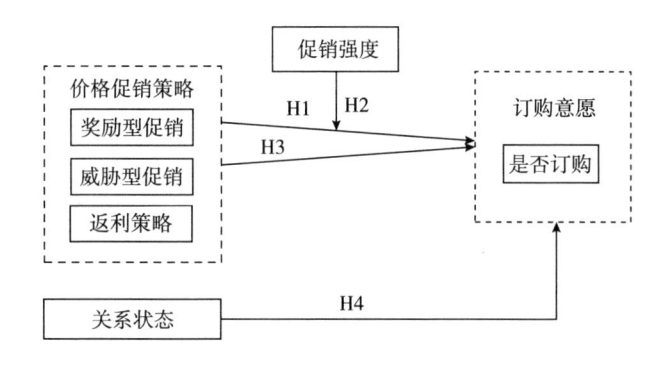

图 3-2 双驱动营销策略对经销商订货意愿的影响模型

第三节　双驱动营销策略对经销商订货频率影响的假说和模型

一、概述

前文运用逻辑推演的方法研究了两种迥然不同的价格折扣促销策略——"威胁型价格促销策略"与"奖励型价格促销策略"，"返利策略"以及关系驱动策略，对经销商订货意愿的影响。其实，当经销商面对不同的价格促销策略表现出订货意愿之后，能否真正付诸订货行为才是本书关注的。提高顾客的购买频率，厂商的销售收入就会增加。因此，不同的营销策略是否能带来经销商订货频率的变化才是厂商关注的重点。从经销商的视角来看，在他们决定订货之后，当面对不同的营销策略的时候价格感知是不同的，经销商的订购行为自然也就存在差异，从订货批次的角度来说，经销商在不同的价格促销策略下会表现出高低不同的订货频率，那么经销商的订货频率会有怎样的差别呢？

本节试图通过逻辑推演和理论分析，呈现价格促销策略和订货频率之间的关系。经销商订货批次（订货频率），是在单位时间内经销商下单订货次数的多少。Blattberg 和 Neslin（1990）通过研究发现，假设一位顾客购买同一种产品的次数较多，这一产品的销售总额的一般是由于价格因素造成的，可见，对顾客来说，购买行为直接受到产品价格的影响，价格会直接影响顾客的购买行为、购买时间、购买数量及购买的品种，对决策行为具有举足轻重的价值作用。综合以往研究观点，结合厂商对经销商实施价格促销的事实行为，在制造商推动 B2B 价格促销行为中可以看出主要目的有以下几种：对销售新产品有推动作用；有助于加大市场竞争优势；推动客户更多地重复订购同一种热销产品；鼓励顾客加大订货批次；刺激供货商加大订货批次；以此来保证经销商手中拥有更多的陈列品与库存商品，满足现有的享受需求。

促销在消费者市场上起到了转移零售商库存压力的作用。由于 B2B 市场交易的商品通常会用于再次加工或仓储才会继续销售，因此，这样的作用在 B2B 市场针对经销商的促销中可能体现得更为明显，存货成本是解释厂商价格促销和经销商行为的一种重要因素。Cui 等（2008）研究发现，在由一个单一的制造商和多个零售商构成的渠道环境下，如果零售商之间存在着存货持有成本差异，制造商可以通过价格促销来对不同的经销商实施价格歧视行为。面对不同的价格促销策略，经销商的频繁订购倾向会表现出迥异的变化，经销商是否频繁订购对厂商的销量和利润都会起到至关重要的作用。因而，本节内容将对基于双驱动营销策略的经销商订货频率的行为反应进行分析。

二、价格促销策略对经销商订货频率影响的假说

Putler（1992）的研究表明，价格变化对消费者决策行为选择的影响是不对称的，感知价格上升对消费者购买意愿的影响强度约为感知价格下降时的 2.5 倍。这正是展望理论中决策主体"风险规避"原理的体现。这种不对称的影响体现在消费者的购买意愿、购买时间和购买数量等行为指标上。同样来看，在 B2B 厂商关系中，这种影响也应当是存在的，并且，由于经销商还会受自身仓储能力大小的限制，这种影响将会表现得更加明显。

在展望理论中，对行为决策主体在风险不确定的条件下的决策行为呈现"风险规避"特点的基本观点认为：消费者对预期损失的反应要大于对预期收益。由于不确定风险的存在，作为决策主体，在进行决策行为时，会存在明显的"规避风险"的行为。本节研究指出的不同价格促销策略中，所谓"威胁型"促销策略，是指在未来的某一个特定时间开始，某一特定产品的订购价格会有特定比例的提高，但在该日期之前订购该特定产品则保持现行价格，也就是经销商不会面临损失。同时，由于经销商又会受到其"固定储存能力"的限制，因此，作为经销商来说，当面对价格促销策略的时候，如果决定订购，那么，在威胁型促销策略的驱动下，会表现出更高的订购频率。当经销商面对奖励型价格促销策略的时候，会决定订购并增加订购量，同时，根据展望理论对"边际效用递减"特征的基本观点，由于受到其自身"库存能力"固定的限制，订货频率则会明显降低。

基于上述推理，本节提出以下假说：

H5：在决定订购的经销商中，相对于奖励型促销来说，在威胁型促销策略下经销商的订货频率会更高。

三、促销强度调节作用的假说

Hardesty 和 Bearden（2003）以及 DelVecchio 等（2006）通过研究发现，促销强度会直接导致消费者受到不同促销类型的影响，产生的获得效用有所不同，导致交易效益整体水平存在差异，已经证实了促销强度所具有的调节效应。经销商的总体订货水平受到订货频率的直接影响，频繁地订货自然也就说明了经销商订货水平的提高。在促销强度在价格策略对经销商订货行为的影响中，促销强度具有显著调节效应。在威胁型促销与奖励型促销策略下，当经销商面对的促销强度存在差异时，也会导致经销商订货频率发生变化。

同样，根据展望理论的基本观点，对于奖励型促销策略，如果增强促销力度，即意味着增加价格下降的比例或幅度，这会驱动经销商对预期收益感知的提高。不过，根据展望理论的"边际效用递减"原理，由于感知到获得的"收益"在促销期内是一定的，如果面对威胁型促销策略，则意味着促销强度会提高比例，未来涨价幅度会增加，作为经销商未来的获利也会减少，根据"损失厌恶"

和"风险偏好"原理，在决定订购的经销商中，一旦促销强度提高，也就意味着预期风险增加，因此，客户的订货频率也会随之发生变化。

基于上述推理，本节提出以下假说：

H6：在价格促销策略对经销商订货频率的影响中，促销强度有显著的调节效应。

H6a：如果加大威胁型促销的强度，经销商将会提高订货频率。

H6b：如果加大奖励型促销的强度，经销商将会降低订货频率。

四、返利策略对经销商订货频率影响的假说

国外学者 Drèze 和 Bell（2003）实证研究表明，相对于直接价格折让的促销方式，返利型促销策略能够使经销商更加理性地订货，平抑需求波动性。这样看来，当经销商享受到返利策略的时候，其每次订货数量会相对更加平均，不会倾向于某次大量囤货或者某个阶段根本就不进货。同时，Drèze 和 Bell 也曾研究指出，返利策略能增加经销商销售产品时对其顾客的让利，同时获得更高的销售额。顾客如果更希望对方获益增多，那么从事这一活动的可能性更大。经销商对顾客让利的行为促使了其更加积极地进行产品销售。整体来看，经销商每个阶段的总进货量是一定的，在返利策略的影响下，经销商每次订货数量差异更小，这样订货频率就会更加频繁；并且，由于返利策略会带来经销商销售额的增加，也就是在同样的时间段内，享受返利策略的经销商对其顾客的销售量会增加，因而其总订货量也会随之增加，在订货需求相对平稳，而不是波动订货的情况下，这也就增加了经销商的订货次数，更加促进了订货的频繁程度。经销商享受到返利策略，也就是只要完成既定的销售任务即可获得确定的返利收益，作为决策行为主体的经销商，会更加重视这部分确定的预期收益。在预期收益的驱动下，经销商的销售更加积极，销量增加订货频率提高，这一结论也符合展望理论的观点。

基于上述推理，本节提出以下假说：

H7：返利策略对经销商订货频率有正向影响。

五、关系策略对经销商订购频率影响的假说

Bendapudi 和 Berry（1997）通过研究发现，作为供应厂商，如果能投入更多

的精力在关系建立方面，则意味着经销商与供应商之间形成更强的情感联结力。这说明，在B2B经营环境中，厂商与客户间的长期合作关系是一个重要的考虑因素。厂商关系状态的紧密程度，不但反映出双方合作关系的发展方向和趋势，还能促进双方合作行为的经济性交易的持续进行。基于社会交换理论，厂商与客户间的信任、承诺和关系规范能够影响厂商和经销商之间的长期合作关系，经销商和制造商之间的关系会更加紧密，这种关系不仅体现为经济上的交易关系，往往也体现为社会交换关系。这种厂商长期合作关系所表现出来的关系状态就会影响双方合作过程中的行为意愿和行为表现，在中国情境下的B2B营销研究中有其独特的价值。根据"差序格局"和黄崇铭（2010）的研究，家人型关系对应"需求法则"，生人型关系对应"公平法则"；由关系状态与关系法则的匹配程度决定双方营销绩效的高低，家人型关系与"需求法则"的匹配增进双方的亲密呈现程度，表现出更积极的合作意愿和行为，并带来高的长期销售绩效。也就是说，双方关系越倾向于家人型关系，双方的长期合作意愿和销售额就会越高，在其共同作用下，经销商的订货行为也会表现得更加理性。正如，深度访谈中跟A厂家合作超过二十年的忠实经销商单位总经理邓先生所说，"我们公司跟A厂家的关系就跟一个公司一样，我们是根据我们的实际销售量和合理的库存数量来确定进货总量，并且每次进货数量基本差不多，这么多年以来，我们的销售总量稳步增长，不过，每次订货还是差不多的数量，所以，进货次数也是稳步增长的"。

基于上述推理，本节提出以下假说：

H8：关系状态越倾向于家人型关系，经销商表现出越高的订货频率。

六、概念模型的形成

根据以上假说，本节构建了一个基于价格促销策略和关系驱动策略的双驱动营销策略影响经销商订货频率的概念模型（见图3-3）。从"订货批次"的角度对经销商的订货行为进行分解研究，希望能为厂商有效掌握经销商的决策行为提供有益的指导。

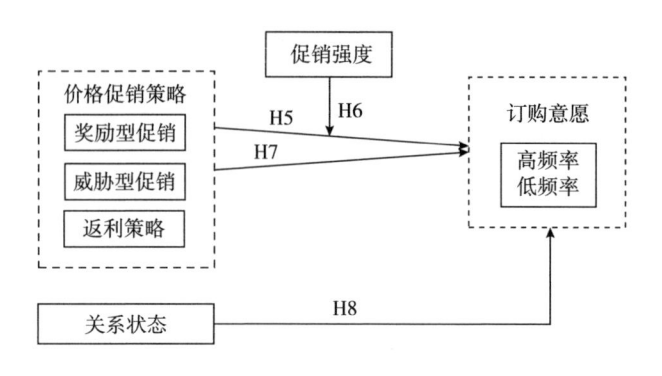

图 3-3　双驱动营销策略对经销商订货频率的影响模型

第四节　双驱动营销策略对经销商订货批量影响的假说和模型

一、概述

近年来，随着市场竞争愈加激烈，作为营销组合的重要组成部分，对制造厂商来说，在采用营销策略驱动客户提高销售数量和刺激经销商提高订货数量时，一般会热衷于实行各种不同的价格促销策略。Ailawadi 等（2007）的分析案例以宝洁公司为主，通过分析该企业的定价形式，以此来证实市场行为中，厂商的市场地位会直接受到价格促销手段的影响。Blattberg 和 Neslin（1990）的研究从顾客对于某项产品的购买需求展开，通过研究发现，该类产品一半以上的销售量会受到价格促销政策的影响。除此之外，还有研究表明，价格促销策略对顾客的购买决策行为产生重要影响。其实，对企业营销实践者们来讲，比起价格促销策略带来的总效用，他们似乎更期望通过学术案例分析获知不同价格促销政策存在的差异，可通过分析经销商订货行为与订货批量，来总结影响作用的存在。这对制造商更加精准有效地实施价格促销策略作用重大。Cui 等（2008）对促销策略的研究指出，在由单一的制造商和多个零售商构成的渠道环境下，如果零售商之间存在着存货持有成本差异，制造商可以通过价格促销来证实价格歧视行为的存在，如果经销商手中的存货成本不高，那么经销商可以通过促销政策的销售，从中获得收益；如果经销商手中的存货成本较高，那么经销商可以从其他方面获得收益。郝辽钢等（2008）通过分析发现，作为厂商的促销策略，如果采用呈现不同价格折扣的方式，那么意味着对价格促销产生的影响作用有所差异。研究表明，价格促销策略能增加商店的销售量。根据展望理论，关于预期损失与预期收益，很明显人们对于前者更敏感，这就意味着消费者面对参考点时，如果高于此点，其反应明显更激烈。展望理论还指出，人们在风险不确定条件下的决策行为呈现三个特点：风险规避、参考点效应和边际效用递减。同时，关于框架效益，即使具有相同内容，表述的形式存在差异，也会导致人们产生不同的感知效应。

　　本书以上述理论为基础，研究三种价格促销策略对经销商订货批量的影响，也就是探究每种促销驱动策略对经销商的订货数量有怎样的影响。另外，在返利型促销策略中，一般会将返利任务量与返利比例相结合，即由于返利任务水平存在差异，对应的返利金额与返利比例有所不同，经销商任务完成数量越多，意味着返利额度相应提高越多。作为经销商，经常会受到返利政策的影响。而制造商与经销商之间对应的返利策略也存在差异，如果经销商不同，那么返利比例和返利任务量获得也会存在差异。并且经销商在其返利任务量完成之后，面对不同价格策略时所表现出来的订购水平也会有所不同。综合营销学们的观点，本书认为，制造厂商在B2B情境下，对其经销商实施价格促销型驱动策略，无非是为了发挥促销的驱动作用、激励经销商增加订货，以达到提高厂商总销售水平的目的。面对不同的价格促销策略时，经销商在每次促销下的订购数量的多少，即订货批量的高低，则是决定经销商总订货量的非常重要的因素。本书引入三种价格促销驱动策略和关系驱动营销策略来研究经销商的订货批量，即每次订货数量带来的影响作用，对经销商受到价格促销手段的影响而导致的行为变化作出总结。

二、价格促销策略对经销商订货批量影响的假说

　　Blattberg和Neslin（1990）在研究中指出，暂时性的价格折扣会在短期内大量增加该品牌产品的销售量，特别是一些被频繁重复购买的产品，其总销量中的

50%以上是由于价格促销策略带来的，这意味着价格促销手段具有积极作用，有助于推动订货数量增长，在促销期限内价格策略将会影响双方的交易量。展望理论的基本观点认为，消费者对预期损失的反应大于对预期收益。基于此，研究者发现价格变化对消费者选择的影响是不对称的。这种不对称的影响体现在消费者的购买意愿、购买时间和购买数量等行为指标上。

以展望理论与价格促销理论为基础，根据"框架效应"原理的作用，意味着厂商使用奖励型价格促销方式，即经销商可以获得制造商的直接价格降低优惠，此时经销商会在促销期间内订购指定产品，通过价格降低来获得收益。从"参考点依赖"理论来看，使用奖励型价格促销方式时，由于订购产品的价格远远比参考价格低，作为经销商，感知到的效用价值将会提高，此时提高交易数量更有价值，经销商因而会加大订购数量。因此，使用奖励型价格促销形式时，经销商提高订货批量的倾向将会更明显。所谓威胁型价格策略，即作为制造商，提前通知经销商，在某特定日期之后采购某指定产品将会有一定幅度或比例的涨价，经销商作为消费者与制造商之间的市场中间环节，利益的获取主要来自于消费者购买产品与厂商进货价之间存在的价格差额，对于某一产品，如果制造商提高销售价格，也就等于提高了经销商销售该产品的成本价格，那么经销商对于这一产品未来销售的价格则具有不确定性，无法确定涨价幅度与给予消费者的价格是否能够同等幅度上涨，一旦经销商出售这一产品时，产品的出售价格明显与制造商提高的成本价格存在不对称性，那么经销商在未来的时间段内将会感知到产品面临损失，在未来的时间内，价格上涨将会导致销售面临危机，所以，这样看来，使用威胁型促销策略时，经销商会降低订货批量。

基于上述推理，本节提出以下假说：

H9：相对于威胁型促销，奖励型价格促销下经销商表现出更高的订货批量。

三、返利策略对经销商订货批量影响的假说

相较于消费者视角的研究，厂商和经销商在经济学模型中更接近于理性人的角色，这意味着许多基于消费者行为的研究并不一定适用于B2B情境。当然，企业也并非拥有完全理性的经济个体，研究者发现在B2B领域，行为经济学的一些观点，比如，展望理论，同样适用于B2B情境下的厂商和客户。在为数不

多的 B2B 定价研究文献中，Bruno 等（2012）研究发现，单位价格上涨或下降对客户订购行为的影响程度是不对称的。Drèze 和 Bell（2003）通过实证研究表明，相对于直接价格折让，返利型促销能够带来经销商更加理性的订货，平抑需求波动性，增加经销商对顾客的让利，同时获得更高的销售额。与展望理论的预测相同，客户在面对预期损失时的反应要大于面临预期收益时。从经销商的角度来看，如果感受到制造商给予的返利策略，那么在返利约定期限内，当既定的返利任务完成之后，将会获取一定返利金额，经销商肯定是希望获利更多，在这种预期确定"收益"的促进下，其单次订货量自然也会增加。并且，经销商享受到厂商给予的返利策略，是由返利任务量和返利比例约定的，当经销商在返利核算日期之前提前完成既定的任务量之后，虽然返利金额并未兑现，但对于经销商而言，该约定比例下的预期收益已经是确定可以得到的固定收益，在这种情况下，经销商进货量越大则返利比例与进货量的乘积越大，也就是经销商可获得的预期收益就越大，根据展望理论，这就意味着经销商一定会继续提高订货数量，以便增加这部分固定的预期收益。

基于上述推理，本节提出以下假说：

H10a：享受到返利策略，对经销商的订货批量有显著正向影响。

H10b：享受返利策略的经销商，在返利任务完成后，其订货批量明显提高。

对于厂商跟经销商约定的返利比例，则恰恰相反，由于返利比例是根据返利任务量来确定的，返利任务量越大，返利比例才会越高，而不断地提高返利任务量，则意味着经销商完成该任务量的难度会越大，这样一来，获得预期收益的难度也就越大，经销商获得感知收益的不确定性增大。因此，不断提高约定的返利比例，反而会给经销商带来更难获得预期收益的感知，从而降低经销商的订货批量。

基于上述推理，本节提出以下假说：

H11：返利比例越高对经销商订货批量的负向影响越大。

四、返利任务量完成的调节效应的假说

与 B2C 促销相比，B2B 的促销方式有一个最大的区别在于返利型价格促销的引入。返利型价格促销指制造商通过在一定期间内根据经销商对消费者的销量

对经销商给予奖励，奖励形式可以是通过价格折扣返还给经销商实现的直接奖励，也可以是通过事后补贴实现的间接奖励。徐建忠（2007）则在其博士论文中重点探讨了返利型价格促销策略对客户行为的调控。通过营销实践调研得知，返利策略一般还会制定不同的返利比例，同时规定不同的任务量，某些情况下对经销商会采取两种方式的结合，也就是制造商给经销商设定不同的销售任务量，根据不同的任务量的完成难度，从而设定出与之相对应的固定比例的返利比例，或者是规定的返还金额，任务量指数越高，得到的返还也就越高。实施返利策略，能够覆盖大多数的经销商，通过经销商返利策略，制造商可以区分出经销商的层次与水平，同时，也可以刺激与激励经销商的销售。在这里，由于返利任务量和经销商销售状况的不同，经销商在返利任务完成前后的订货行为表现是不同的。

展望理论指出，决策主体在评价事物时，总要与一定的参考点相比较，从而判断"收益"或"损失"。决策者对于积极的"确定收益"一般会表现出强烈的追求欲望。对于享受到制造商返利策略的经销商，在其完成返利任务量之后，相当于已经确定可以获得相应的预期"收益"，同时，顾客通常对价格升高的反应要比价格降低的反应更强烈。在预期"收益"已经获得的情况下，经销商往往会选择继续"冒险"，以便更多地增加自己的预期收益。因此，在经销商完成返利任务之后，面对促销策略时，会有迥异的表现。在威胁型促销下，高威胁型促销策略相对于低威胁型价格策略，对于经销商的订货量会产生推动作用；不过，如果返利任务很高，经销商无法如期完成，将意味着可能面临涨价风险，预示着预期"收益"获得的难度将会更大，因此，此时的高威胁型价格策略则会削弱经销商进货的积极性。在奖励型促销下，返利任务完成后，经销商预期获得的"收益"更多，因此进货的积极性更高。在返利比例上，对于完成返利任务量的经销商，高返利比例能够对进货意愿的激发有更加积极的影响，而对于未完成返利任务的经销商，更高的返利比例则显著地降低经销商的进货意愿。这一点从本书对经销商单位负责人的深入访谈中表现得非常明显，一般在每年的下半年经销商会陆续完成本年度的返利任务，当对完成返利任务的经销商继续实施价格促销时，经销商往往表现得都非常积极，并且对厂商关系的评价都比较乐观，而返利任务还没有完成的经销商则表现恰恰相反，对价格促销的反应相对不敏感。

基于上述推理，本节提出以下假说：

H12：返利任务量完成与否，在促销策略对经销商订货批量的影响中有显著的调节效应。

H12a：在威胁型价格策略对经销商订货批量的影响中，返利任务完成有显著的调节效应。对于享受到厂商给予的返利政策的经销商，在完成返利任务之后，威胁型促销策略的促销强度越大，对其订货批量的促进作用越强；而在未完成返利任务的时候，威胁型促销的强度越大，则会进一步削弱经销商增加订货批量的积极性。

H12b：在奖励型价格策略对经销商订货批量的影响中，返利任务完成有显著的调节效应。对于享受到厂商给予的返利政策的经销商，奖励型促销策略的促销强度越大，在完成返利任务量之后，其订货批量提高越多。

H12c：在返利比例对经销商订货批量的影响中，返利任务完成有显著的调节效应。对于完成返利任务的经销商，高返利比例对经销商增加订货批量起到了更强的驱动作用；而对于未完成返利任务的经销商，更高的返利比例则更加显著地降低了经销商增加订货批量的积极性。

五、关系策略对经销商订货批量的影响

Morgan 和 Hunt（1994）研究认为，在 B2B 环境中，厂商与客户之间的长期合作关系是一个重要的考虑因素。经销商和制造商之间的关系会更加紧密，这种关系不仅体现为经济上的交易关系，往往也体现为社会交换关系。这种厂商长期合作关系所表现出来的关系状态会影响双方合作过程中的行为意愿和行为表现，在中国情境下的 B2B 营销研究中有其独特的价值。Wathne 和 Heide（2006）通过研究得出这样的观点，即商业活动中买卖双方之间的关系会影响交易的达成，双方关系越为稳固，买方受其他供货方价格降低与产品质量影响而改换产品的概率越小。展望理论认为，决策过程分为描述和评价两个阶段。在描述阶段，决策者会将各种可能的决策结果编码成相对于一个"参考点"的利得和损失，参考点主要为买方对买卖行为的综合性评价，通过分析买卖活动中所得与所付出代价的衡量而决定下一步的购买活动。在评价阶段，价值函数呈现"S"曲线形态，曲线分为两个部分："收益"与"损失"。"收益"价值函数在形态上表现为凹形曲线，"损失"价值函数则呈现凸形曲线，在价值函数曲线中，参考点是函数曲线

的凹凸部分的转折点。通常情况下人们对买卖活动中对自己而言的"损失"更为注意，这也就是买方为何对商品的价格提升较为关注的一个原因。展望理论还指出，人们在风险不确定条件下的决策行为呈现三个特点：风险规避、参考点效应与边际效用递减。这三个特点因素左右人的消费行为，这就是展望理论的"框架效应"。根据发展的"累积展望理论"，指出买卖行为中商品价值向消费者传递的是造成其利益得到和损失的消费机会，而不是传递资产，所有买方对于消费行为的判断与决策不是受概率左右，而是与这些消费者在决策时用于判断购买行为为自己带来利益得失的预期与权衡有关。

Bendapudi 和 Berry（1997）的研究指出，在 B2B 营销关系中，供应商对关系营销的投入越多，经销商对供应商就会有越深的情感依靠，从而在经济上更加依赖。这说明，厂商关系状态的紧密程度，不但反映出双方合作关系的发展方向和趋势，还能促进双方合作行为的经济性交易的持续进行。根据黄崇铭（2010）的研究，家人型关系对应"需求法则"，熟人型关系对应"人情法则"，生人型关系对应"公平法则"；家人型关系与"需求法则"的匹配增进双方的亲密呈现程度，表现出更积极的合作意愿和行为，并带来高的长期销售绩效。熟人型关系与"人情法则"的匹配增进双方之间的恩惠呈现程度，并带来较高的长期销售绩效与短期销售绩效。生人型关系与"公平法则"的匹配增进双方之间的信用呈现程度，并带来高的短期销售绩效。这样看来，厂商关系越倾向于生人型关系，则越显示出经济合作中的"公平法则"，并带来高的短期销售绩效。

基于上述推理，本节提出以下假说：

H13：厂商关系状态越倾向于生人型关系，经销商面对促销时的订货批量越强。

六、概念模型的形成

根据以上假说，本节构建了一个双驱动营销策略影响经销商订货批量的概念模型（见图3-4）。从价格促销策略影响"订货批量"的角度对经销商的订货行为进行分解研究，希望能为厂商有效掌握经销商面对营销策略时表现出的订货量的大小的决策行为提供有益的指导。

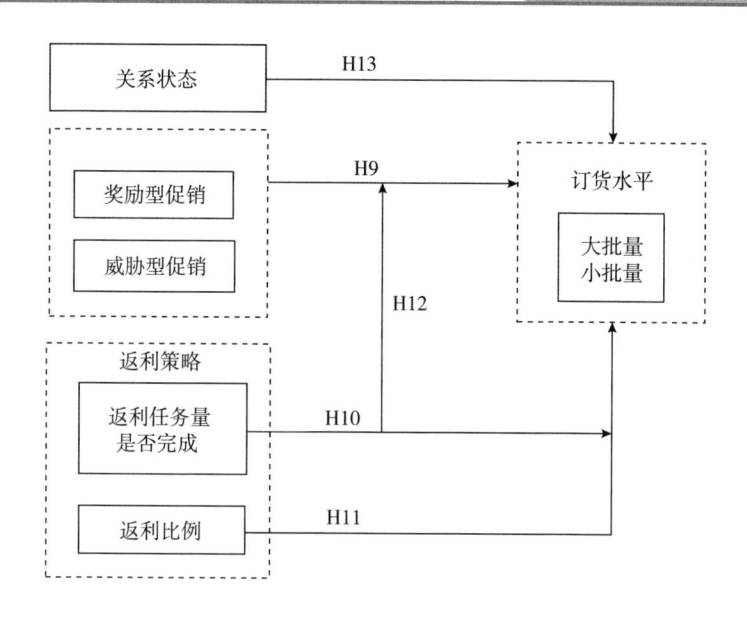

图 3-4 双驱动营销策略对经销商订货批量的影响模型

第五节 关系策略和促销策略交互效应的假说和模型

一、概述

促销驱动和关系驱动这两种重要的营销策略各自对经销商订货行为都有着重要的影响。一方面，关系驱动型策略作为一种独立的影响因素，对经销商的订货行为和厂商绩效有其影响；另一方面，关系驱动策略作为厂商合作关系中的一种关系状态，在厂商对经销商实施价格促销策略的时候提供了一种营销情境。Zhang 等（2014）指出，由于关系的重要性，厂商频繁的价格变化也可能促进或威胁其与经销商之间的长期合作关系。Srinivasan 等（2004）的研究表明，促销对厂商和经销商的影响是复杂的。根据社会交换理论以及 Eyuboglu 和 Buja（2007）的类达尔文"选择"理论，厂商采用针对经销商的营销策略行为驱动了经销商订货行为的"适应性"变化，双方交换关系过程会发生一种"适应性改变",双方的关系和策略行为就是变化"参数",这种行为变化是双方行为相互作用的过程。Styles 和 Ambler（2003）曾指出,作为营销研究的核心的"交换",交易和关系两个方面的特征都在其中明显体现,正如 Weitz 和 Jap（1995）等很多学者的认识一样,经济交换与社会、关系等维度是相互嵌入和交织影响的。Uzzi（1997）的研究指出,B2B 营销策略不仅包括"经济型"策略,还包括"社会型"策略,同时使用"经济型"促销策略和"社会型"促销策略的制造厂商,对获取双方合作关系效益具有较好的促进作用。因此,在任何的营销关系之中,关系驱动策略与促销驱动策略都应当是相互影响的。本节试图在前文研究的基础之上,进一步研究两种营销驱动策略对经销商订货量的交互影响。

二、假说形成和模型建立

早在 1980 年,Macneil 在其著作 *The New Social Contract：An Inquiry into Modern Contractual Relations* 中就曾指出,商业交换是一个从单纯的离散事务（即短期交换,在成员之间不存在或存在很少的关系环境）到关系交换的连续统一体（即长期的、持续的、复杂的关系,单个的事物本身要比关系本身的重要性低很多）。营销关系的双方,存在于所有的交换行为之中,会从单个离散的交换到高程度的关系交换。作为广为接受的描述中国人社会关系和社会结构特征的奠基论述,根据费孝通（1993）的"差序格局"理论,中国人的人际网络更具有亲疏、上下与远近等差序性。在这种框架下,人际关系的构成是以"己"为中心,像石头一般投入水中,所形成的同心圆波纹,一圈圈推出去,随着波纹越推越远,关系也越推越薄。差序格局的比喻体现了华人文化对于人际关系的重视,在面对不同互动对象时,必须先考虑彼此关系的亲疏远近,此种原则对于华人社会行为具有相当重要的影响。

杨国枢、黄光国、杨中芳等学者都对华人社会的"关系观"做了深入的研究。杨国枢（1993）的研究,根据关系基础的差异划分了华人社会的三类关系,提出不同的关系状态（关系类型）决定了人际交往的对待原则、处事方式和相互依存的具体形式。该研究指出,双方处于"家人关系"的相互对待原则是一种"低回报讲责任"的"高特殊主义",更看重的是双方关系的长期持续和紧密呈现,对短期的利益和所谓的即时"回报"表现出非常低的关注;而双方处于

"生人关系"的相互对待原则则表现为一种即时"高回报讲利害"的"非特殊主义",这时候看重的就是短期的利益回报和"便宜行事"。黄光国(1985,1988,2009)也曾建立了中国社会中如何以"人情"和"面子"影响他人行为的理论架构,并将关系分为三种,分别是"情感性"关系、"工具性"关系和"混合性"关系,这一分类其实跟杨国枢(1993)的分类方式相对应,其中情感性关系类似于家人关系,工具性关系类似于生人关系,混合性关系类似于熟人关系。黄光国教授也指出,情感性关系中情感成分是第一位的,注重的是关系的长久和稳定,而工具性关系中的情感成分则是最末位的,注重的是短期利益,双方关系是短暂的和不稳定的。随着合作双方关系愈加"亲密"、相互依赖程度越来越强,双方关系中的"关系"和"情感"成分就更多地占据了双方的交换关系。

本节在深度访谈调研中发现,针对经销商"如何看待该制造厂家的某次涨价行为"的时候,同样的这样一个问题却会获得两种差异巨大的回答,九府建材有限公司作为跟该厂家合作超过10年的忠实经销商,该单位负责人江总回答道:"厂家涨价很正常,我们厂商双方本来就是利益共同体,没什么理解不理解,水涨船高,我们同比例提高售价就是了。"然而,跟该厂家刚合作不足两年的三德建材商贸有限公司负责人刘总却反应强烈,说道:"这个厂家只顾自己利益,说涨价就给我们涨价,跟他们合作没什么意思。"这也非常明显地显示出,跟厂商之间表现出不同的关系状态,则经销商对价格促销策略的敏感程度是不同的,自然在不同价格促销策略下经销商的订货批量也会有明显的差异。

基于上述推理,本节提出以下假说:

H14:与厂商越倾向于生人型关系,经销商对价格促销策略越敏感。

H14a:与厂商越倾向于生人型关系,奖励型促销驱动的经销商订货批量越多。

H14b:与厂商越倾向于生人型关系,威胁型促销驱动的经销商订货批量越少。

H14c:与厂商越倾向于生人型关系,返利策略驱动的经销商订货批量变化越大。

第六节 双驱动营销策略对厂商长期销售绩效影响的假说和模型

一、概述

在 B2B 市场关系中，针对经销商的价格促销是否能够促进厂商的长期销售绩效的增长，一直以来存在很大的争议。以往有关促销策略的研究都认为价格促销是一种战术，是一种短期性驱动顾客购买的营销策略。对于价格促销在促销期间的有效性研究，国内外研究文献众多，研究结论一致认为：不管哪种类型的价格促销策略在促销期间都起到了提升产品销售、增加客户购买量的作用，价格促销策略在驱动促销绩效的积极方面是可以肯定的。但是，对于促销策略是否能带来厂商长期销售绩效的提升方面却是观点迥异。来自消费者市场促销研究的一种观点认为，价格折扣型促销触发了消费者的提前购买，仅仅是将未来收益转移到当期，从总体看并不能带来经销商的收益增长。而在 B2B 市场中，价格促销带来了经销商的提前购买，由于存在价格折扣，机会主义的经销商会采购超过当前市场需求水平的商品以备未来销售。因此，厂商以更低的价格完成本来应当获得的销售量，造成收入的降低和利润率的下降。Mela 等（1997）的研究表明长期的价格促销，其效果是边际递减的，依靠促销获得超额收入会越发困难，同时却增加顾客的价格敏感度并损害了顾客的品牌忠诚。而站在市场竞争的角度，Bell 等（2002）认为，价格促销带来了经销商之间更激烈的价格竞争，造成促销强度的增加和频率的上升，最终损害经销商的利益。

相反的观点则认为，价格促销所带来的销售量的上升足以抵消价格降低带来的收益损失，促销从长期看会带来收益的增加和绩效的提升。收入的增加主要来自两部分：需求的扩大和品牌转换。Ailawadi 等（2007）的研究就认为，虽然囤货行为触发了提前购买，将未来销售量转移到当前，但仍可借助顾客的重复购买以及囤货行为增加的额外库存造成的对竞争对手的排挤作用对未来的销售造成正面的影响。Lal（1990）和 Srinivasan 等（2004）对 B2B 市场的实证研究同样表明，价格促销从长期来看能够促进厂商销量和收入的共同增长。

那到底价格促销策略会不会带来厂商长期销售绩效的提升？相比来讲，促销驱动的营销策略和关系驱动的营销策略，哪个对厂商的长期销售绩效有更强的驱动效果，更能提升厂商的长期销售绩效呢？以上问题都是需要进行解答验证的问题。在本书的双驱动订货模型中，通过对营销实践的总结，提出了价格奖励型促销与威胁型促销这两种截然相反的价格促销策略，其对经销商的订货批量和订货批次有着不同的影响，最终体现为经销商不同的订货模式。在本书模型中，本书提出进一步检验两类促销对厂商长期销售绩效的影响。本节以上述理论为基础，在双驱动营销策略对经销商订货行为影响的基础上，继续研究商品销售活动中影响买卖双方关系状态的其他因素对厂商长期销售绩效的影响。

二、价格促销策略对厂商长期销售绩效影响的假说

截至目前，关于价格促销对厂商绩效的影响，学者们有截然不同的观点。尽管有研究认为，价格促销可能有其负面影响，但作为一种有效的营销策略，其在驱动促销销量提升方面的作用却是毋庸置疑的。梁冬寒等（2012）研究了实施价格促销前后供应链的上游和下游企业的利润分配格局，从企业所获得的利润来看，制造商所获得的利润明显高于零售商，而且价格促销对供应链上的利润分配并没有产生太大的影响。同时，Neslin 等（1985）指出，促销驱动的销售量的上升足以抵消价格降低所带来的收益损失，促销从长期看会带来收益的增加。促销驱动的销售收入的增加主要来自两部分：需求的扩大和品牌转换。在消费者市场的研究中，Ailawadi 等（2007）的研究也认为虽然囤货行为触发了提前购买，将未来销售量转移到当前，但仍可借助顾客的重复购买以及囤货行为增加的额外库存造成的对竞争对手的排挤作用对未来的销售造成正面的影响。当然，正如恢光平和滕堃（2003）指出的，对中间商的激励做到有的放矢至关重要，设计并建立一套真正具有相容约束作用的激励机制十分关键，这样才能规范与中间商的合作。作为一种营销策略的价格促销，厂商在运用的时候越来越频繁也是相对的。从价格促销策略对厂商销售绩

效累积的角度来看,促销策略次数的增加确实驱动了厂商销售绩效的持续增长。

从 B2B 市场和 B2C 市场的差异来看,B2B 市场中厂商依靠经销商进行分销、批发和零售等日常销售业务,经销商一般都有自己的仓储能力,其利润来源主要是其产品销售价格和厂家进货价格的差额。在这种情况下,当厂商实行价格促销的时候,经销商反而可以借助其囤货行为增加的额外库存以及顾客的重复购买造成对厂商竞争对手的排挤作用,从而对厂商未来的销售带来更加积极的影响。这对厂商的长期销售绩效的影响是正向的。国外学者 Lal（1990）和 Srinivasan 等（2004）针对 B2B 市场的实证研究也都表明,价格促销从长期来看能够促进厂商销量和收入的共同增长。这一点,从本节研究对制造厂商营销经理的深度访谈中也得到了坚定的支持,营销管理者们普遍认为,"价格促销之所以应用得越来越广泛,就是因为不单单在促销期间对产品销售起到拉动作用,它们对企业长期销售绩效所带来的积极作用也是显而易见的"。

基于上述推理,本节提出以下假说:

H15:厂商对经销商实施的价格促销策略越频繁,驱动厂商的销售绩效越好。

三、返利策略对厂商长期销售绩效影响的假说

根据对以往有关返利策略这种特殊的促销政策的研究文献梳理得知,已有研究对返利型促销策略的影响效果的评价,普遍持正面态度。Drèze 和 Bell（2003）通过理论模型和实证研究表明,相对于直接价格折让,返利型促销能够带来经销商更加理性地订货,平抑需求波动性,增加经销商对顾客的让利,同时获得销售额的增长。直接价格折让对经销商是即刻获得的确定收益,返利则是未来不确定的收益。以当前状态为参照点,返利相当于当前损失而在未来获得收益。Ailawadi（2001）认为,返利型价格促销指制造商通过在一定期间内根据经销商对消费者的销量对经销商给予奖励,奖励形式可以是通过价格折扣返还给经销商实现的直接奖励,也可以是通过事后补贴实现的间接奖励,返利型促销相对于直接价格折让对渠道是一个双赢策略。基于展望理论,相对于当前收益,人们更重视当前损失。因此,即便直接价格折让和返利拥有相同的期望收益,促销对象也会更倾向

于直接价格折让而非返利。Drèze 和 Bell（2003）的研究表明，经销商在直接价格折扣和返利上更倾向于前者。而厂商的长期销售绩效是经销商在单次决策上的倾向性绩效的累积的结果。

返利策略不但通过带来短期效果促进了厂商短期销售绩效的提升，更关键地，返利策略作为厂商双方在长期合作当中协商形成的一种"关系规范"，通过经济利益共享的形式让双方的合作关系变得更加稳固和持久，必然带来厂商对经销商长期销售绩效的积极影响。同时，相对于奖励型或威胁型价格促销策略来看，返利策略的积极影响是长期的和持续的，不但促进了厂商双方的经济型交换，还逐步促进了双方的关系型交换，进而促进了经销商对厂商的依赖关系，这对厂商长期销售绩效的影响应当是非常积极和正向的。

基于上述推理，本节提出以下假说：

H16：返利策略对厂商的长期销售绩效有正向影响。

H17：相对于返利型促销，价格促销策略对经销商销售绩效的影响较小。

四、关系策略对厂商销售绩效影响的假说

国外学者 Woo 和 Ennew（2004）和国内学者沙颖等（2015）的研究都验证了 B2B 关系中好的关系质量（关系状态）在促进企业获得更好绩效方面的积极作用。"关系"这种非价格促销手段对顾客满意度和绩效有正面影响。在此之前的 2004 年，Bhagat 等学者也曾选取了十几年的美国 1500 家大型企业的经营数据进行研究，结果发现关系投入（Relationship Investment）对企业绩效改善的效果是非常明显的。在此之前的 1985 年，学者 Moriarty 在针对银行业的一项研究中发现，银行从业者们对其消费者所进行的关系投入，对他们能够占有的消费者购买份额具有非常积极的影响。在各个不同的行业中，关系营销导向对公司业务绩效的影响都应当是非常明显且重要的。根据杨国枢（1993）等国内学者的相关文献，本书在问卷调查中也明确指出，家人型关系状态就是指在工作合作关系中经销商跟厂商感情非常紧密、关系非常深厚，能够毫无保留、共同分享信息。由此可见，关系营销策略对于促进厂商销售绩效是有其积极作用的。从厂商营销策略的角度，厂商采取的关系策略是以双方的经济合作为基础的关系投资，促使双方关系更倾向于家人型关系，厂商把关系营销作为一种经销商行为的驱动策略，有

利于厂商对关系营销策略的实施和营销实践中厂商、经销商关系的推进，厂商在合作关系中注重关系策略的运用，能够满足经销商对情感以及其他经济需求以外的需求，从而降低了厂商之间纯"经济"性的关系和对价格的敏感，进一步确保这部分经销商对厂商的忠诚度，不但给厂商创造了更大的利润空间，还让厂商的经销体系更加稳定。因此，对厂商对经销商销售绩效的累积以及长期销售绩效的积极影响都是显而易见的。

基于上述推理，本节提出以下假说：

H18：关系状态越倾向于家人型关系，越能够提升厂商对该经销商的长期销售绩效。

五、双驱动策略对厂商长期销售绩效比较影响的假说

Elmuti 和 Kathawala（2001）的研究指出，通过提供高效的反复交换和协同，关系能带来经济上和操作经营上的优势，使保有原来的伙伴总是比吸引新的客户成本更低、更具经济效益。黄崇铭（2010）研究也显示，不论是长期销售绩效还是短期销售绩效，家人型关系所带来的关系绩效水平都为最高，熟人型关系次之，生人型关系最差，这一研究结果验证了"差序格局"现象在中国社会的关系营销中的重要影响；同时，也印证了中国社会的生意圈中"先做人，后做事"规则盛行的原因。Luo 等（2012）认为，通过关系或者联系进行交易的现象逐渐会成为一种长久稳定的传统，并由此激发了从经济社会的角度来看待特定关系投资的需要。特定关系投资同时包含经济与社会交换元素，固化了经济社会中的中心概念。由此分析，关系驱动型营销策略不但对厂商、经销商的长短期销售绩效都有积极的促进作用，而且能促进厂商关系的持久发展，进而累积起绩效的持续增长。

Dodson 等（1978）通过研究得出观点，即价格促销对于交易行为中买方的决策影响较为直观，但难以让买方对商品和商家形成忠诚度，非价格促销手断却可以使顾客喜欢一个品牌的内在动机得到加强。但是 Grewal 和 Dharwadkar（2002）的研究也指出，企业采用价格促销策略用于改进企业销售业绩从长时期看并没有非价格策略有效。Parnell（2005）研究显示，关系基础上的交换，在市场、阶层以及混合形式中有明显的优势。庄贵军（2012a）研究指出，在中国文

化背景下，一个人在其成长的过程中所参加的各种社会活动，都可以为其建立起越来越多的社会关系，并逐渐积累，其实，这种社会关系表现为一种关系状态，它既是关系行为的基础，也作为一个人构筑关系的初始条件，同时又表现为关系行为的一种结果。中国人大都很乐意通过扩展"自己人"的范围，来构建起一个由远及近的"以自己为中心"的差序格局式的关系网络。目前，关系驱动营销策略与价格促销驱动营销策略价值比较的研究较少。其中，唐小飞等（2009）通过模型分析研究了企业在销售策略上的关系投资与价格促销造成的企业绩效影响的差异，检验结果表明，关系投资策略相对于降价措施具有更多的有利性，而价格促销具有很多方面的负面效果。由此分析，对于厂商长期销售绩效的驱动效果方面，促销驱动策略远不如关系驱动策略的影响大。

根据 Eyuboglu 和 Buja（2007）提出的类达尔文"选择"理论，在营销关系中，当营销关系各方的各种关系参数的联系组合被拣选淘汰后，其过程就可以被理解为一种"适应性改变"，而它们的描述性意义有着规范性的含义，也就是说，如果某项营销关系中的合作者能根据这些联系来规范他们的各种行为，那么，一般来讲，他们都能提高彼此关系存活的寿命。在厂商和经销商的关系中，也就是说，合作双方会根据对方的"行为"（包含价格策略行为、关系策略行为、相互依赖行为等）适应性地进行己方"行为"的改变，从而会产生出使双方关系持续发展的适应性模式，并且这种适应性改变的模式可以促进双方关系的持续发展。随着双方关系的进一步融洽和适应性发展，对合作双方来讲，意味着相互合作关系更加紧密；从厂商角度来看，经销商队伍更加稳定，双方合作更加紧密，从而带来了厂商长期销售绩效的提升。同时，价格促销策略以经济交换为基础，代表的是短期利益，尤以生人型关系状态下更为关注。而关系营销策略作为一种营销交换关系，其交换基础是无形的（如感情、信任等），在交换过程中，更强调的是双方之间的互惠互利和互利共赢，其注重的是一个长时间的持续过程。厂商在实施关系营销策略的时候，不但关心自身的利益，同时也会考虑经销商的利益，就是会在厂商合作的交易中确保双方都能获得利益。因此，相比价格促销策略，关系营销策略增加了一个时间维度，也就是说，在双方的交易关系中，并不要求第一时间得到等价的回报，在这种时间维度上，是一种长期合作的趋向，在这种长期趋向的影响下，关系驱动策略自然也就对厂商长期销售绩效的影响更大。相比促销驱动策略,关系驱动策略对厂商长期销售绩效的驱动效果就更显著地体现出来了。

基于上述推理,本节提出以下假说:

H19:相对于价格促销策略,关系策略对厂商长期销售绩效的影响更大。

第四章　研究设计与方法

本章共分六节，将在构建模型的基础上对相关研究进行设计和说明，以求达到研究目的。第一节说明本章使用的统计软件以及用到的统计方法；第二节详细论述数据样本的确定、关系问卷设计与测量，将对所选取样本数据的代表性、典型性以及所选取行业的特殊性和适应性等问题进行说明；第三节对数据进行描述性统计和介绍；第四节至第六节详细说明相关的因变量、自变量和控制变量。

根据本书构建的双驱动研究模型，在双驱动策略的影响中，厂商不管采取何种类型的营销驱动策略，关系状态既作为一种驱动因素影响了经销商的订货行为和厂商绩效，同时，又在厂商实施价格促销策略的时候提供了不同的营销情境。在双驱动营销策略的影响关系状态和价格促销的相互关系中，本章将做两类检验：一是关系状态作为主效应检验的时候为独立因素；二是关系状态作为调节变量的时候是提供了一种营销情境。

第一节　研究及统计方法

本章使用 R 语言进行统计。R 语言是一种用于统计计算的语言环境，由贝尔实验室的 S 语言发展而来。S 语言是贝尔实验室开发的一种用于数据探索、统计分析的解释性脚本语言。R 语言是 1993 年由新西兰奥克兰大学的统计学家撰写的一个 S 语言的跨平台实现，其后由于其具有强大的统计分析和绘图功能得到广泛的应用。R 语言内置多种统计学与数值计算功能，同时具备强大的绘图功能，基于 R 语言可以输出能够直接用于印刷的图像。作为 GNU 项目下的开源环境，

R 语言支持安装由统计学者撰写的各类扩展包。借助社区参与者的智慧，使用者可以轻易实现特殊的统计技术、数据可视化功能、编程接口以及与数据库对接的输入输出功能。这些扩展包通常由 R 语言、C 语言、Fortran、LaTeX 以及 Java 语言编写，主要提供在计量经济学、数据科学、生物统计、人工智能和社会科学中所采用的高阶统计方法。例如，生物信息学研究者可使用 R 语言进行包括基因图谱分析在内的分子生物学数据分析。

一、双驱动营销策略对经销商订货批次影响研究

本节对不同的价格促销策略影响订货批次（订单数量）的情况进行研究。在双驱动营销策略对经销商订货批次的影响研究中，本节以经销商在每次促销时的订单数量（订货批次）来衡量他们订货的频繁程度，构建订货批次模型。促销期间的订货批次是指，每个经销商在面对一次价格促销的时候，对执行促销的指定产品所产生的订单数量。不过，在本书营销实践和深度访谈中都发现，很多情况下经销商面对促销活动的时候可能会毫无反应，而根本就不会下单订货，这就导致一些促销策略在实施后出现订购为零的现象。而此类订购为零的现象十分普遍，因此必须作为一个重要情况加以考虑。这样一来，本书就需要对订购决策的意愿（是否订货）和订购批次两方面因素受促销的影响进行研究。

根据 Cameron 和 Trivedi（1998）的理论，在行为决策模型中，如果以随机事件发生的不确定次数作为因变量，一般来讲，应采用"计数回归模型"进行统计分析。计数回归模型，是以泊松回归模型（Poisson Regression Model）为基础建立的，根据相关文献，泊松回归模型在理论上对于随机事件的研究较为有利，学术界经常用于各类随机事件的分布分析，因此本书在订货批次模型中援引该理论用于研究分析。不过，泊松回归模型曾提出一个理论前提：因变量的期望值与方差相同，而订货批次模型所针对的现象在实际环境中，促销过程中订购达成的平均值比方差要小，此类现象在理论上属于"过离散化"，为解决这个问题，本书在模型中使用了负二项回归方法进行处理。在本书研究中，"过离散化"现象之所以发生，主要是因为在现实情况下经销商对于很多促销活动可能会毫无反应，而不会下单订货，这就导致一些促销策略在实施后出现订购为零的现象。由于本节需要对订购决策的意愿和订货批次两方面因素受促销的影响进行研究，因

此，本节采用 Hurdle 回归模型，对不同的价格促销策略影响订货批次（订单数量）的情况进行研究。

Hurdle 回归模型，是一种层次回归模型，在 R 语言中通过"Pscl"包的内置函数 Hurdle 实现，该函数由前斯坦福大学、现澳大利亚国立大学政治学教授 Simon Jackman 于 2008 年发布，其主要是用于政治学研究中存在零截尾分布的计数数据的回归分析。Hurdle 回归模型是传统计数回归模型的扩展，在各种研究中的计数回归存在较多"0"值的零截尾分布数据的时候应用较多。计数模型在 R 语言的应用可参考 Zeileis 等（2008）撰写的 *Regression Models for Count Data in R* 等相关文献。在式（4-1）中，该模型把变量中的 0 值设定为一个发生概率按照二项分布的现象，并根据离散选择模型分析 0 值的变量关系，对 0 值以外的变量通过传统计数模型进行分析，模型的分析结论由两个不同情况下采取的模型分析结果叠加。

$$E[y_i] = \pi_i \times 0 + \{(1-\pi_i) \times E(y_i \mid y_i > 0)\} = (1-\pi_i) \times E(y_i \mid y_i > 0) \tag{4-1}$$

在 Hurdle 回归模型的离散选择中，本节选择 Logistic 回归用于研究价格促销对客户订购决策造成的影响。针对达成订购的经销商采用计数回归模型实施分析，通过负二项回归校正泊松模型对理论变量与真实情况低估造成的误差，分析价格促销产生的经销商订购次数造成的影响。另外，无论是奖励型促销还是威胁型促销，促销活动的实施都将造成价格的向上或向下波动，这可以定义为促销强度。依据展望理论与交易效用理论，促销强度对经销商产生的订购决策影响也会有所差异，所以，本书将在后文对促销强度在价格促销策略中分别就两种促销策略实施情况下对经销商订购决定的影响进行研究。

二、双驱动营销策略对经销商订货批量影响研究

本节通过多元线性回归对经销商的订货批量（每次促销下经销商的每批订货的数量）受价格促销驱动策略的影响进行分析，分别建立三个模型，用于检验价格促销策略及其交互作用对订货批量的影响。在返利策略中，模型还涉及对返利任务完成前后经销商订货批量差异的分析。在前文的理论分析中指出价格促销策略对经销商订货行为影响的分析预估，与国内外多数学者研究提出的"促销驱动销售量提升"的结论是一致的。

同时，本节就价格促销策略的差异造成的客户商订购行为达成的影响进行分析，采用订货批量作为因变量分析经销商的订货批量变化，经销商订货批量记录经销商每一次的订货量，订货批量（订货批量）模型分析各相关自变量对其产生的影响。在该模型中，采用对数线性回归进行分析，可以将影响单次进货量的诸多自变量的效应用进货量变化百分比的形式表示出来，使效应的度量更加直观，尤其适用于衡量价格促销比例这类在实践中极其重要的指标。利用对数线性模型，将价格促销强度的变化对进货量的影响同样用百分比的形式表示出来，对于营销实践有很强的指导价值。本书要实证检验奖励型促销和威胁型促销以及返利策略对经销商订货批量的影响，另外，返利促销通常还会把返利比例跟销售任务进行联系，为经销商提供阶梯形的销售返利方案，经销商达到的销售量越大，其返利水平也就相应地越高；反之则越低。同时，制造商针对经销商的返利策略，不同经销商将会获得的返利比例和返利任务量都会有所差别。并且，经销商在其返利任务完成之后，面对不同价格策略时所表现出的订购水平也会有所不同。

三、双驱动营销策略对厂商长期销售绩效的影响

本部分采用多元线性回归对经销商的总进货额受促销驱动策略及关系驱动策略的影响进行分析。针对数据存在的量纲问题，本书对销售绩效、关系状态、促销次数和经销商销售规模进行标准化处理，标准化处理后的变量，其回归系数可用于变量间效应强度对比。本书从企业销售数据库中取得相关数据，统计得出抽样经销商的销售情况，销售绩效以总进货额进行计量。前述研究表明，不同的促销策略，经销商的订货模式不同。但这种订货模式对于促销期间的整体销售绩效并不存在显著影响。而描述性统计表明，促销期间的销售绩效要高于非促销期间的绩效。本书引入促销次数，探究促销次数对整体销售绩效的影响。具体而言，促销次数又可分为威胁型促销次数和奖励型促销次数，分别代表该经销商在采样周期内收到厂商促销政策的次数。返利型促销与经销商的订货批量和订货批次均存在显著的正相关关系。本书研究引入返利水平，通过回归系数的比较对比返利型促销、价格折扣型促销和关系状态对经销商订货总额的影响。

第二节 数据样本与关系测量

一、数据样本的确定

建材行业是我国重要的材料工业之一，在国民经济中具有重要的地位和作用。改革开放之后随着中国特色社会主义市场经济体制的确立，几十年来，中国经济迅速崛起，尤其是近十几年来，随着房地产行业的快速发展和带动，与之相关的中国建材行业也实现了迅速扩张。目前来看，中国建材行业企业无论是在规模、实力、产品、技术，还是在企业管理、营销策略等各个方面，都已接近发达国家水平。然而，随着新型建材行业制造企业的大量增加，国内外厂家紧盯中国市场，制造商企业间的角逐和竞争异常激烈，为了维护各自的经销体系以促进销售，针对 B2B 的经销商视角的价格促销也在国内企业中越来越多地被应用，这给本书将建材行业作为研究对象提供了很好的机会。

作为传统的重要贸易领域，建材行业制造企业一直沿用传统的依靠经销商进行批发、分销和零售的销售模式，在中国各个贸易行业中具有较强的代表性。建材行业制造企业的直属经销商都是具有建材产品批发、销售以及相关工程推广销售资质的企业或个体企业，是较为典型的 B2B 营销。随着竞争的进一步加剧，各个制造厂商都将原来的销售部门进行整合升级，设置了专门的营销部门，营销部门负责人一般都由企业副总经理及以上领导主管，负责对营销政策、渠道模式、销售策略以及对直属经销商的管理。并且，为了更好地实现对各地区经销商的管理、服务和销售激励，稍具规模的厂商都将全国市场划分为若干销售区域，在每个区域设置了销售办事处，在驻地销售办事处都派驻了专业的销售经理。每个销售经理负责一个到几个不等的省份，负责对该地区内市场信息的反馈、市场开发以及直属经销商的管理，这些销售经理绝大部分的工作时间都常驻所负责区域，企业相关的政策、策略以及经销商的日常进货销售业务都是由其销售经理负责的，各地区销售经理是制造企业跟直属经销商接触最频繁、关系最密切的边际人员。建材行业这种典型的 B2B 贸易，以及分区域驻地销售经理负责直属经销商合作业务的营销模式，为本书数据的获取和收集，以及所获数据的完整性、真实性和可靠性都提供了充分的保障。

本书把我国某建材行业制造企业集团公司作为研究数据的来源，该企业集团在中国境内的40多家制造工厂合理分布在不同区域和省份，产品的销售更是遍布全国，在全国拥有200个以上的销售办事处，超过400人的专业销售人员队伍和超过1000家的直属经销商，该企业全部产品涵盖同行业中高低各个档次的全部产品，产品的全国市场占有率连续10年达到45%以上，企业多年来销售经理队伍稳定、经销商体系完善、营销策略灵活，尤其在2010~2015年，在经销商的激励方面，采取了各种类型的营销策略，销售业绩和营销效果明显，企业销售额和利润率连年居同行业前列，是研究B2B营销策略不可多得、非常典型的数据来源，在国内建材行业极具代表性。

考虑到地区经济差异以及风俗习惯等方面因素对销售的影响，为防止经济差别和亚文化等因素对研究带来的影响，本书将数据选取的区域合理规划，选取了该集团公司华北地区（包含北京、天津、内蒙古、河北）和西南地区（包含四川和重庆）作为研究区域，进而起到平衡亚文化和不同区域所带来影响的效果，进一步增强样本的代表性。另外，由于建材行业经销商的销售还会受到地区消费水平、客户实力（销售规模）、销售季节因素等诸多方面的影响，为对这些因素实施控制，本书将控制变量纳入模型中。由于各个制造企业的销售数据、销售模式设置、销售政策、营销策略记录、直属经销商分布、返利数据等真实数据对各个厂商来讲都是非常机密的资料，即使跟企业有一定关系也不可能获得全部的数据资料。笔者作为该集团公司的营销管理人员，获得的全部数据资料是经过销售部门、财务部门等相关部门严格审核的。本书取得了各销售办事处、分公司报送的各种价格促销策略记录、财务部门的账目记录的这部分数据。并且，跟公司承诺：一是数据资料完全用于学术研究；二是保证任何资料不会向第三方机构、人员透露，并将本书研究结论逐步用于指导企业的营销实践。

截止到本书研究数据选取的时候，该集团公司在本书研究所选取区域内总共有367家直属经销商，根据地区不同分属于27个销售办事处进行管辖。本书数据的第一部分主要是采集各地区销售经理信息、经销商完整信息、经销商的实际销售数据以及数据期间内各地区营销策略的实施记录和与之对应的真实销售数据。本书共取得了所选取的华北和西南这两个地区的3个省和3个直辖市的总共367家直属经销商的销售数据。由于涉及数据保密等严格规定，本书从企业内部销售数据库中获得了10年以前，也就是2011年1月1日至2013年6月30日这367家经销商的全部真实销售数据，其中包括该企业对这367家经销商实施价格促销策略和销售人员的所有记录和全部销售数据。删除掉小部分数据不完整或不符合要求的经销商后，可供本书研究使用的总共有356家经销商数据。如此难得的行业企业真实销售数据资料用于本书的研究，为本书研究的顺利开展、研究的有效性和研究结论的代表性提供了强大的基础保证。

二、关系问卷的设计与测量

在本书提出的双驱动模型中，一方面，关系状态既作为一种营销驱动因素影响了经销商的订货行为和厂商绩效；另一方面，关系状态又在厂商实施价格促销策略的时候提供了远近亲疏的各种不同的营销情境。测量这种关系状态，本书数据取得的第二部分是为了研究关系营销驱动策略的影响。根据前述文献综述的分析，结合前人研究，在中国文化背景下，本书将代表"关系型交换"的关系营销策略确定为厂商之间的关系状态。

根据费孝通（1993）的"差序格局"理论，在我国社会中的人际关系呈现从中心向周围波浪状变化的一种边际递减效应，核心层与外层之间呈现随着层级的增多关系越来越疏远（见图4-1）。在这种影响下，厂商与经销商之间的关系也必然呈现着这种类似的关系状态。

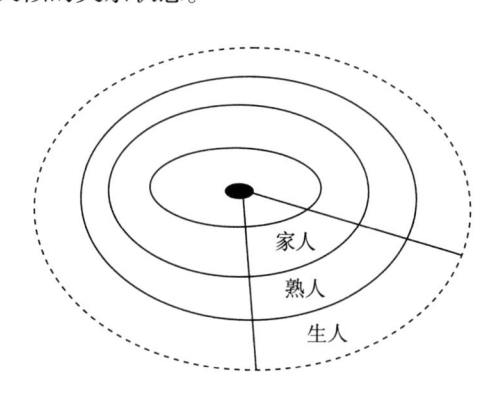

图4-1 关系状态图示

为了提高研究的有效性，本书将关系状态测量的对象确定为已经取得真实销售数据的该集团公司在华北和西南地区的这 356 家经销商。这样就可以做到对测量了关系状态的每一个经销商都能匹配出他们享受的价格促销策略、促销期间以及非促销期间的销售绩效和数据期间的长期销售绩效。为了有效测量厂商关系状态类型，本书借鉴黄崇铭（2010）的研究，采用问卷方式，尺度为 9 的 Likert 量表测量，数值越小代表关系倾向于亲人关系，数值越大则代表倾向于生人关系。由于该部分经销商涉及京、津、冀、蒙、川、渝多个省市，并且部分经销商还分布在县区三四线城市，地区跨度非常大，问卷填写需要耗费的人力、财力非常大。为了问卷调查的及时性和可靠性，本书决定将厂商与经销商实际合作和打交道的边际人员及该集团公司在每个地区的销售经理作为他们各自地区的问卷对象，测试其管辖地区所属的经销商跟他们的关系状态情况。在该集团公司召开全体销售经理大会的时候，笔者对问卷进行了讲解和说明，并对这些销售经理进行了问卷调查相关知识和要求的培训。

根据以上情况，本书将已取得真实数据的总共 356 家经销商作为问卷对象，将该集团公司驻每个地区的销售经理确定为问卷填写者。问卷填写历时 3 个多月，问卷总共发放 356 份，收回有效问卷 348 份。为了让问卷填写者能遵循差序格局的理论描述出本人与别人之间的关系亲密程度，问卷用图片回应技术（Picture Response Technique）来进行。问卷执行过程和内容如下：

首先，在本书的关系问卷中，先向填写问卷的各地区的销售经理详细说明了有关关系双方关系状态的具体描述以及所代表的厂商关系形式：

我们在生活中与他人存在许多种不同形态的关系，如下"亲人""熟人""生人"三种关系描述是用来表示这些关系的紧密程度，也就是你认为你跟某个经销商之间合作状态的表示：

（1）亲人关系，是指诸如家庭，紧密的血亲、姻亲，特殊深厚情谊的师生，金兰之交的密友、战友等主要社会团体中的人际关系；在工作中意指跟你感情非常紧密、关系非常深厚，能够毫无保留、共同分享信息的经销商。

（2）熟人关系，是指诸如邻居、师生、同学、同事、同乡等双方彼此认识而且有一定程度的情感关系，但其情感关系又没有深厚到可以随意表现出真诚行为的人际关系；在工作中意指跟你平时合作愉快、感情不错的经销商。

（3）生人关系，诸如店员和顾客、公共汽车司机和乘客、大医院中的护士和门诊病人这样的人际关系，双方都以和对方交往作为达到自身目标的手段，双方交往时，彼此可能不知道对方的姓名，其间即使带有情感成分，也属于十分有限的人际关系；在工作中意指跟你往来次数不多的经销商，你对他们仅有一些基本的认识。

我们希望通过这份调查问卷，了解你与你的经销商之间的互动形态，以帮助我们研究销售人员个人特征与经销商关系的匹配关联，你与经销商之间关系感知的远近并不代表你工作表现或绩效的好坏，所有问题的答案亦没有对错之分，请依实际感受作答即可。

其次，以图示（见图4-1）显示被测者跟经销商的人际关系情况，核心为被测者本人，不同的人际关系类型分为不同层级。测量在图4-2中，采用9层尺表示出被测者的人际关系结构。问卷中写道：

下方横线上是你负责区域内的一个经销商的单位名称和个人姓名，接下来问卷中的问题是以这位经销商为对象进行的，所以在回答每一个问题的时候请你记得是问你跟这个经销商合作往来时的情况，假设以下的图片代表了你的社会关系网络，中心的圆点就是你，离中心距离越远表明关系也越疏远。请在图中相应数字上方的方框内画"√"标示出此人目前在你心中的具体位置。

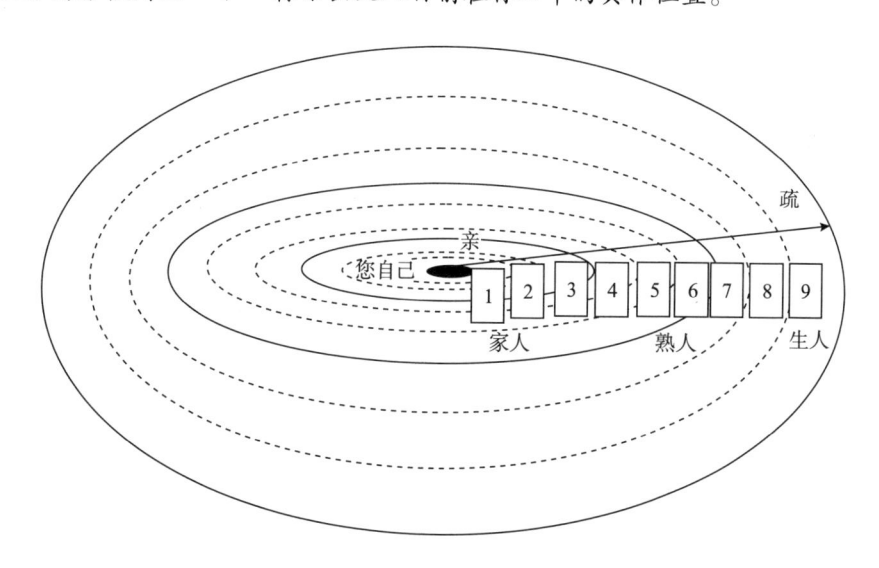

图4-2 关系状态测量

资料来源：黄崇铭. 两岸华人社会"关系"营销探究［D］. 中国人民大学博士学位论文，2010.

第三节 数据的描述性统计

表 4-1 数据的描述性统计显示，本书选取的目标企业，其业务销售针对的经销商在分布上相对比较平均，华北地区占比 41%，西南地区占比 59%。所选取目标企业的经销商年均建材销售额 1770 万元，这说明，合作经销商中主要的核心客户销售能力都比较突出。目标企业在上述地区一共设立了 27 个销售办事处，促销实施是通过各地的销售办事处开展的，不同地区的销售办事处在促销策略的实施上也具有类型与时间以及促销强度和产品方面的不同。本书获得的数据资料显示，该期间目标企业的 27 个销售办事处对产品中的 12 种建材总计进行了 1803 次促销。

表 4-1 数据的描述性统计

变量	样本数	均值	标准差	极小值	极大值	其他指标
经销商特征						
华北	144	—	—	—	—	—
西南	204	—	—	—	—	—
经销商规模[a]	348	1770	14358	32	268000	—
关系状态	348	5.06	1.38	1	9	—
价格促销策略						
促销强度[b]	1803	0.19	0.08	0.02	0.40	
奖励型促销	1660	0.20	0.08	0.05	0.40	
威胁型促销	143	0.08	0.03	0.02	0.10	
持续时间[c]	1803	14	26	3	302	
奖励型促销	1660	13	24	3	302	
威胁型促销	143	30	32	4	208	
享受返利策略客户数	222	—	—	—	—	
经销商订单量						
促销期间订单量[d]	45096	1.27	11.93	0.00	792	—
促销期间日均订单量[e]	—	—	—	—	—	0.10

· 96 ·

续表

变量	样本数	均值	标准差	极小值	极大值	其他指标
非促销期间日均订单量[f]	—	—	—	—	—	0.03
经销商订货批量[g]						
订货价格（元）	114213[h]	5.21	1.44	3.00	17.30	
订货数量（平方米）	114213[h]	1830	1683	0.46	43720	
价格促销期间	52667	2080	1710	0.46	43720	
非价格促销期间	61546	1616	1630	0.67	42770	

注：a 表示经销商规模，根据问卷调查表获得年均销售量资料（经销商的整体经营范围的销售量，不局限于项目研究产品），以万元为单位计算。

b 表示策略强度，指厂商对经销商采取的价格降低折扣（或涨价）的比率。

c 表示持续时间，指厂商对经销商实施价格策略的持续时间，例如在 2011 年 1 月 1~10 日对石家庄经销商订购 A 产品给予 20%的折扣。

d 表示促销期间订单量，经销商在一次促销活动中的订购达成的订单数量。

e 表示促销期间的日均订单量，在促销活动中经销商达成的总订单量，按照每日平均计算。

f 表示非促销期间的日均订单量，促销过后经销商总的订单量按照日均计算，总的时间样本数据采集天数×主要经销商数量×主要促销产品品牌数量（包含 4 种主品牌）×价格促销类型数量（两种价格促销类型）。

g 表示经销商订货批量，为 348 家经销商在 2011~2012 年订货行为的统计。两年内，经销商对该公司的产品共产生了 114213 笔订单。

h 表示代表产生的 114213 笔订单的统计结果。

目标企业在建材销售中主要实施了三种价格促销策略：奖励型促销、威胁型促销以及返利策略。策略实施对象主要为企业在华北与西南地区的销售经销商。①奖励型促销，是给予指定地区的经销商一定时间范围内指定产品的折扣优惠，是主要采用的促销激励手段，占前两类促销手段的 92%，平均折扣为 20%。②威胁型促销，则为提前通知指定地区的经销商特定时间之后指定产品将会有一定程度的价格上涨，因此经销商可以选择在涨价之前进货，为次要促销手段，平均价格上涨比例为 8%。虽然威胁型促销仅占两类促销手段的 8%，在不同年份和地区，该公司均采用过威胁型促销手段。③返利策略，由公司对指定经销商的在一定时间范围内订购指定产品设定任务量，当经销商指定产品的销售量达到设定的返利任务量，则可以对该时间内该经销商所订购的指定产品给予一定比例的订货金额返还。一般来讲，公司还对经销商实行返利比例与任务量水平挂钩的政策，即设定不同的任务量水平，对应不同的返利比例，经销商完成的任务量越高，返利比例也越高。返利策略的激励覆盖多数经销商，年均享受返利激励政策的经销商占到主要经销商数量的64%左右。

对于经销商订购意愿与订购行为的分析方面，表4-1显示，从2011年1月1日到2013年6月30日，目标企业的348家经销商完成了114213次建材订货，平均每个经销商订货328次。在促销活动实施后经销商采取的订购行为的占总订购次数的46%，因为订购次数跟促销活动实施的长短有关，因此，根据日均订单量（日均订购次数）统计，数据表明，目标企业未实施促销期间的经销商日均订单量为（0.03），而实施促销期间的日均订单量是（0.10），以日均订单量计算，促销期间的日均订单量大致为非促销期间的3倍。实施促销期间订单量明显有所提高，这表明价格促销对于促进销售的有效性。但是，本书在此次研究中主要关注的是促销措施的不同对经销商订购行为造成的影响，以及促销强度不同对于促销策略造成的调节效应。描述性统计表明，目标企业的所有经销商一次建材的订货量平均是1830平方米。在目标企业实施了价格促销情况下的一次建材产品订货量平均是2080平方米，而在没有实施促销期间的一次产品订货量平均是1616平方米，这显示出价格促销的实施对促进经销商提高订货是有效的。从描述性统计来看，相对于非促销期间，价格促销期间经销商订货批量也有明显提高。

第四节　因变量

本书主要检验双驱动营销策略对经销商的订货行为和厂商销售绩效的影响，以下为实证检验中用到的因变量。

（1）促销期间经销商的订单量：该变量作为双驱动因素对经销商是否订购和订购频率两类订购决策影响的结果变量，通过统计促销期间每个经销商对每类产品的订货批次获得。

（2）经销商单次订货批量：该变量作为双驱动因素经销商订货批量决策影

响的结果变量，通过统计每个经销商每笔订单中的订货批量获得。为配合对数线性模型的使用，本书对该变量数值取自然对数。

（3）厂商销售绩效：该变量作为解释双驱动因素对厂商销售绩效影响的结果变量，通过统计经销商在2011~2013年上半年的总进货额获得。

第五节 自变量

为检验本书提出的价格折扣促销驱动型营销策略对经销商订货行为和厂商销售绩效影响的若干假设，实证检验中用到了以下自变量：

（1）促销类型：该变量作为检验价格折扣促销对经销商是否订购和订购频率两类订购决策影响的自变量，用于标记厂商对经销商开展的每次价格促销的类型。变量类型为分类变量，取值为"奖励型促销"和"威胁型促销"。

（2）促销强度：该变量为价格折扣促销的折扣比例，为连续型变量。在经销商订购频率模型中，由于已知厂商开展的促销类型，该变量不区分"奖励型促销"和"威胁型促销"；而在经销商订购批量模型中，由于样本包含非促销期间产生的经销商订单，该变量分为"奖励型促销"和"威胁型促销"两个变量分别表现奖励型促销和威胁型促销的强度。

（3）促销次数：该变量用于检验价格折扣促销对厂商长期销售绩效的影响，通过统计厂商在数据期间对每个经销商开展的促销活动次数获得，为连续型变量。

为检验本书提出的返利营销策略对经销商订货行为和厂商销售绩效影响的若干假设，实证检验中用到了以下自变量：

（1）是否享受返利：该变量为分类变量，用于测定经销商是否被厂商纳入返利政策中。

（2）返利比例：对于被厂商纳入返利政策的经销商，本书通过返点比例测定返利型促销的强度。

（3）返利任务完成：该变量用于检验返利促销策略对价格折扣促销的一类调节作用，为分类变量，如果经销商的订单发生在返点任务完成之后，该样本的返点任务完成变量被标记为"Yes"。

（4）返利水平：返利水平用于检验返利促销对厂商长期销售绩效的影响，通过统计厂商在数据期间对每个经销商设定的平均返利比例获得，为连续性变量。

为检验本书提出的关系驱动营销策略对经销商订货行为和厂商销售绩效影响的若干假设，实证检验中用到了自变量——关系状态。本书基于"差序格局"理论，实现关系亲疏的测量，以9点尺度测量经销商与厂商之间的关系，数值越小代表关系越倾向于家人型关系，数值越大代表关系越倾向于生人型关系。

第六节　控制变量

由于地区消费水平、客户实力（销售规模）、销售的季节因素等诸多方面因素都可能对经销商的订购行为产生影响，为对这些因素实施控制，本书将如下的控制变量纳入模型中。以下为实证检验用到的控制变量（说明：由于不同模型的样本和拟合算法存在差异，列出的控制变量并不必然包含在所有模型中）。

（1）促销持续时间：在订货批次模型中，在单位时间内的订货批次既定的情况下，促销持续的时间越长，则可期待的订货批次越多。由于促销策略所产生的作用跟其持续的时间长短有关，因此，本书将促销持续时间作为影响订购的因素之一纳入模型进行控制分析。

（2）经销商销售规模：经销商的订货行为，很可能受到其销售规模（或者说经销商的企业实力）的影响，自身销售规模和实力较小的经销商跟实力大的经销商在订货批量和批次方面都会表现出不同，因此本书根据经销商年均销售额的统计，设计了控制变量纳入模型进行分析。

（3）年份：年份变量是反映不同时间段其他变量变化的重要标准，不同年份的经销商的销售规模与资金以及外部经济环境也会有所不同，所以本书也把年份纳入模型中作为影响因素之一。

（4）季节：由于商业行为中很多因素受到季节影响，不同的季节外部经济环境会因市场消费需求的变动而有所不同，如节假日期间消费需求会明显上升，而经销商因此而决议订购的行为会受到影响，因此本书将季节作为影响因素之一纳入模型进行研究。本书以促销发生月份作为虚拟变量控制季节因素的影响。

（5）地区：不同地区之间，在消费习惯和消费需求上会有差异，而这也会导致影响经销商的订购决策，因此本书将地区因素作为影响因素纳入模型中。本书以华北和西南地区厂家根据区域不同划设的 27 个销售办事处作为虚拟变量控制地区因素的影响。

（6）产品：由于不同的价格促销策略在不同性质的产品之间会有差异，产品的消费属性因市场需求程度不同而对经销商形成的影响也不同，同一经销商在不同的产品订购决策时行为也会有所差异，所以本书把产品作为影响因素纳入模型内进行分析，以采样的垂直产品线的 12 类产品作为虚拟变量。

第五章 数据分析与假设检验

营销策略对经销商订货行为的影响最终体现为经销商总订货量的变化，通过分别作用于经销商单次订货量和订货次数实现。在营销实践中，营销策略惠及所有的主要经销商，由其带来的经销商订货行为的变化，难以通过经销商总订货量的变化进行衡量。而基于促销策略具有的时效性特征，本书可以通过促销期间和非促销期间的对比，分析促销政策对经销商订货行为的影响。从描述性统计（见表4-1）来看，相对于非促销期间，促销期间经销商的单次订货量和日均订单量均有显著的增长。这一点肯定了多数研究促销策略对销售量的促进作用。实证分析分别采用促销期间订货次数（订货批次）和单次订货量（订货批量）两个指标衡量经销商订货行为的变化。通常情况下，促销策略带来经销商订货意愿的提升，这种提升可能通过两方面作用影响经销商的订货行为：一方面，在订货次数上，促销降低了价格门槛，其带来的刺激作用使原本在当时没有订货意愿的经销商选择进货，或使有订货意愿的经销商增加进货次数，客观上起到了促进经销商增加订单数量的作用。另一方面，在订货数量上，促销可能带来经销商单笔订单订货数量的增加。订单量和单笔订货数量的变化构成经销商针对不同促销策略的不同订货行为变化，订单量和单次订货量的共同提升最终实现厂商销售量增加的结果。

本章结合第三章构建的模型和提出的假说，分为三个部分进行实证研究：第一部分构建"经销商订货批次模型"，检验双驱动营销策略对经销商订货意愿和订货频率的影响，以及促销强度的调节效应，即假设H1、H2、H2a、H2b、H3、H4、H5、H6、H6a、H6b、H7、H8；第二部分将构建"经销商订货批量模型"，检验双驱动营销策略对经销商订货批量的影响，以及返利完成与否的调节效应、双驱动营销策略的交互效应，即假设 H9、H10a、H10b、H11、H12a、H12b、H12c、H13、H14a、H14b、H14c；第三部分构建"厂商销售绩效模型"，检验双驱动营销策略对厂商长期销售绩效的影响，以及关系驱动营销策略跟价格促销驱动营销策略的交互效应，即假设 H15、H16、H17、H18、H19。

第一节　双驱动营销策略影响的订货批次模型

本节采用 Hurdle 回归模型，研究每一次促销活动经销商在行为决策中"是否决定订货"和"订货批次的频繁程度"两个决策意愿。价格折扣促销策略包括奖励型促销和威胁型促销两种，本节采用逐步回归模型进行订货批次模型的研究，检验在不同促销方式下，促销强度（以奖励型的价格折扣或威胁型的涨价比例来衡量）对经销商订货行为的影响。模型总结如表 5-1 所示。

表 5-1　经销商订货批次模型总结

变量（订单量） Logit 回归系数	模型（1）	模型（2）
截距	-6.148*** (0.215)	-5.249*** (0.247)
持续时间	0.011*** (0.001)	0.012*** (0.001)
促销类型（奖励型促销）	0.201** (0.054)	-1.345*** (0.134)
促销强度（折扣或涨价比例）	—	-10.179*** (1.514)
促销强度×奖励型促销	—	14.087*** (1.543)
享受返利（是）	1.215*** (0.034)	1.232*** (0.034)
关系状态	-0.032*** (0.010)	-0.033*** (0.010)

续表

变量（订单量） Logit 回归系数	模型（1）	模型（2）
经销商销售规模（自然对数值）	0.196*** (0.013)	0.196*** (0.013)
年份	控制	控制
大区	控制	控制
负二项回归系数		
截距	-2.413*** (0.346)	-3.353*** (0.398)
持续时间	0.020*** (0.001)	0.019*** (0.001)
促销类型（奖励型促销）	-0.179* (0.081)	0.663*** (0.189)
促销强度（折扣或涨价比例）	—	7.428*** (2.177)
促销强度×奖励型促销	—	-9.011*** (2.228)
享受返利（是）	0.152*** (0.046)	0.161*** (0.046)
关系状态	-0.112*** (0.012)	-0.105*** (0.012)
经销商销售规模（自然对数值）	0.291*** (0.021)	0.309*** (0.021)
年份	控制	控制
大区	控制	控制
Log（离散程度）	-1.082*** (0.064)	-1.048*** (0.062)
Log-likelihood 值	-34209	-33942
样本数	45096	45096

注：†表示在0.1水平上显著相关，*表示在0.05水平上显著相关，**表示在0.01水平上显著相关，***表示在0.001水平上显著相关。

一、双驱动营销策略影响经销商订货批次的假说检验

表 5-1 中模型（1）测量了经销商订货批次受不同价格促销策略和关系状态的总体影响。模型中，统计了该集团公司 2011 年 1 月 1 日至 2013 年 6 月 30 日在西南地区和华北地区实施的各种促销策略的受益经销商在促销期间内的订货批次。从表 5-1 中可以明显看出，从控制变量上来说，经销商销售规模越大（即经销商实力越强）的经销商更可能选择订货（$\beta=0.196$，$p<0.001$），订货批次也越多（$\beta=0.291$，$p<0.001$），这跟本书之前的预估是一致的；促销持续时间越长，则经销商有至少一次订货的可能性更大（$\beta=0.011$，$p<0.001$），经销商的订货批次也越多（$\beta=0.020$，$p<0.001$），符合本书对促销持续时间与经销商订货行为的预估。

模型（1）显示，总体来看，相对于威胁型促销，在奖励型促销下，经销商更可能选择决定订货（$\beta=0.201$，$p<0.01$）；不过，在决定订货的经销商中，经销商订货批次的表现则恰恰相反，相对于奖励型促销，在威胁型促销策略下的经销商的进货批次更多（$\beta=-0.179$，$p<0.05$），因此，本书假说 H1 和假说 H5 得到验证。这一研究结论，从实证的角度验证了展望理论对于"损失规避"，以及当决策主体面对"利得"和"利失"时会表现出不同的决策反应的观点，也就是说，经销商更容易在价格降低的时候做决策，但是，对价格升高的反应要比价格降低的反应则更强烈。从返利策略来看，享受返利的经销商，进货意愿更大。这符合对于返利手段的一般认识，对于享受返利激励政策的经销商，由于其完成返利任务后会获得一定比例的货款返还，在预期收益的促进下，其进货便更加积极。

模型（1）同时显示，关系状态对经销商是否订购（$\beta=-0.032$，$p<0.001$）和订购批次（$\beta=-0.112$，$p<0.001$）两类决策都体现出显著的负相关关系，即关系越倾向于生人，在促销期间越不倾向于决定订购，并且期间的进货次数越少；越倾向于熟人，在促销期间越倾向于决定订货，并且期间的订货批次越多。因此，假说 H4 和假说 H8 得到验证。模型（1）还显示，返利型策略在经销商订货决策中的"是否订购"（$\beta=1.215$，$p<0.001$）和"订货批次"（$\beta=0.152$，$p<0.001$）中，都体现出非常显著的正向影响，因此，本书假说 H3 和假说 H7 得到验证。

正如 D'Astous 和 Jacob（2002）的研究指出的，消费者对立即提供利益的促

销方式有更强的偏好。根据展望理论的"框架效应"原理，直接降价优惠是奖励型促销方式的关键特点，威胁型促销则是通过告知客户订购日期，给客户传递一种在某段时间内订购产品可能会有利益"损失"的感知。因而，当决策主体面对相对于不确定的"收益"时，会表现出更加看重被认为是确定的"收益"的决策倾向，也就是经销商会对确定的"收益"更加重视，即享受返利的客户，决定订购和频繁订购的进货意愿都更大。本节的研究结果，符合广大学者和实业者对于返利策略的一般认识，对于享受到厂商返利促销策略的经销商，由于其完成返利任务后会获得预期的一定比例的货款或产品返还，在这种预期收益的促进下，经销商的决定订购倾向和频繁订购意愿一定都是更加积极的。

二、促销强度调节效应的假说检验

表 5-1 中模型（1）从总体的角度衡量了奖励型促销和威胁型促销对于订货批次的影响，然而，促销策略的强弱同样可能对经销商的行为产生影响。在本节的研究中，有关促销强度在促销策略对经销商订货倾向决策影响中的调节效应是通过表 5-1 模型（2）来进行分析的。为了检验调节效应，按照 Cohen 等（1983）指出的，进行调节效应检验之前，需要对连续变量进行中心化处理，降低调节变量和其他变量间的多重共线性对系数估计造成的影响。

在表 5-1 中，对于促销强度的调节效应的分析显示，在价格促销策略影响经销商订购行为的关系中，促销强度起到了显著的调节效应。T 检验显示，交互项系数 p 值小于 0.001；卡方检验显示，加入交互项的模型拟合水平相比主效应模型有显著提升（Chi-square=534.2217，DF=4，p<0.001）。

对于"是否进货"这一行为决策，总体分析表明，相对于威胁型促销，采取奖励型促销的情况下，更容易使经销商决定进货，高强度奖励型促销相对于低强度奖励型促销，更容易使客户决定进货。而威胁型促销则相反，促销强度越大，也就是预期涨价比例越高客户受到的威胁越大，进货意愿则越弱（见图 5-1）。而对于那些决定订货的经销商的进货行为决策，总体分析表明威胁型促销更加有效，这一点在考虑了促销强度的情况下更加明显。对于威胁型促销，促销强度越大，客户的订货批次增加越多。而对于奖励型促销，促销强度越大，客户的订货批次则越少（见图 5-2）。这体现了促销强度会影响经销商对不同价格促销策略所带来的"获得效用"的感知,从而会影响其交易效用的总体水平。因此,本书假说 H2、H2a、H2b 和假说 H6、H6a、H6b 得到验证。

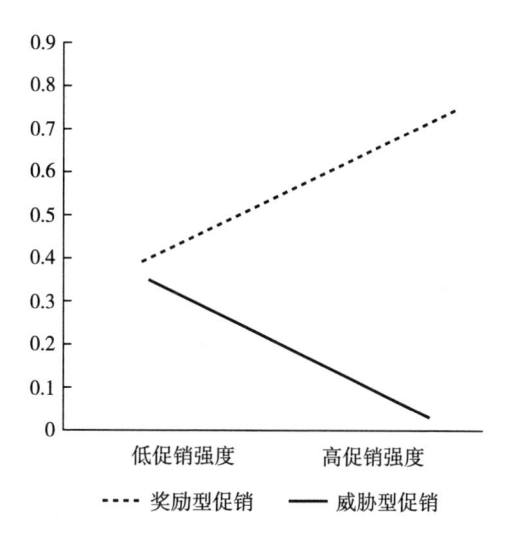

图 5-1 促销强度在价格促销影响经销商订货意愿中的调节效应

注:纵轴为以自然常数 e 为底的指数函数值,在 Logit 回归中可用于计算优势比(Odds Ratio);低促销强度和高促销强度取值分别为促销强度均值的正负 1 倍标准差。

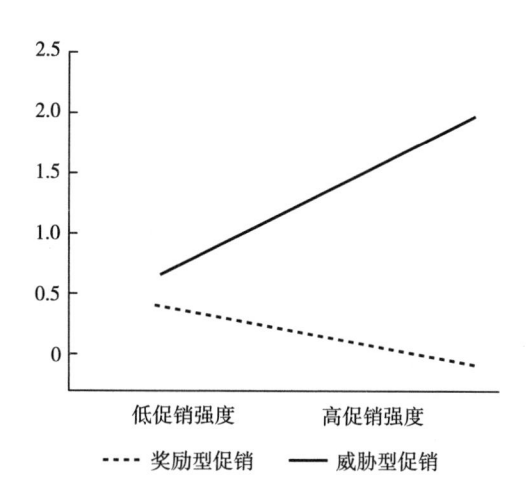

图 5-2 促销强度在价格促销策略影响经销商订货批次中的调节效应

注:纵轴为对应函数的取值,在负二项回归中,函数取值变化可代表因变量的增长倍率;低促销强度和高促销强度取值分别为促销强度均值的正负 1 倍标准差。

三、小结

本节研究表明，经销商在不同促销策略下的行为表现呈现迥异的特征，而这一点通过促销强度的影响得以放大。在是否进货的行为决策上，奖励型促销相对于威胁型促销，起到的激励作用更大，两者的差距在更大的促销强度中表现更明显。而相反的是，在决定进货的经销商的进货次数决策中，威胁型促销起到的激励作用更大，两者的差距同样受到促销强度的放大。关系状态对于进货行为的影响显示出，关系越疏远促销期间的进货次数越少的特征。

理论分析和本节的实证检验都表明，双驱动营销策略对经销商的订货意愿和订货频率有重要的影响作用。促销驱动策略方面：在影响经销商是否决定订货决策中，虽然同为价格折扣型的促销策略，但是奖励型促销显示出了比威胁型促销更好的驱动作用；然而，在决定订货的经销商中，面对奖励型促销时表现出的订货频率却远远不如威胁型促销下表现得更频繁，这一结论从 B2B 营销的视角验证了展望理论在该领域的适用性，给展望理论以新的有利的实证支持，同时，也印证了国外学者 D'Astous 和 Jacob（2002）的研究提出的"客户对立即提供利益的促销方式有更强的偏好"的观点。并且，正如 Bruno 等（2012）的研究就曾发现，单位价格上涨或下降的不同价格折扣方式，对经销商订货行为的影响程度是不对称的。实证结果也显示，促销强度在调节两种截然不同的价格折扣促销策略对经销商订货意愿影响中的作用也是非常明显的，两种截然不同的价格折扣策略对经销商订货行为的影响，通过促销强度进一步放大，结论给予 Hardesty 和 Bearden（2003）以及 DelVecchio 等（2006）对促销强度作用的观点以有利的支持。关系营销驱动策略方面：实证模型总结体现出显著的负相关关系，即厂商关系越倾向于"生人"型关系，越倾向于不订购，并且期间的进货次数越少；越倾向于"熟人"型关系，越倾向于决定订货，并且期间的订货批次越多。这一结论充分显示了"关系"这一重要的驱动策略在中国企业营销交换关系中的极其重要作用，也验证了 Wathne 和 Heide（2006）提出的关系营销领域的关系紧密程度可以转变成经济交易的观点，深刻揭示了中国企业间关系的运作也是遵循"差序格局"这一关系基础规律的。在 B2B 经营环境中，厂商关系状态的紧密程度不但反映出双方合作关系的发展方向和趋势，还能促进双方合作行为的经济性交易的持续进行，厂商间的长期合作关系是一个重要的考虑因素。基于社会交换理论，厂商与关系营销策略的实施，驱动了经销商和制造商之间的关系会更加紧密，这种关系不仅体现为经济上的交易关系，反过来往往也体现为社会交换关系。

第二节 双驱动营销策略影响的订货批量模型

经销商的总体进货水平不仅由进货次数决定，还由经销商的单次进货量决定。不同的经销商可能存在不同的订货行为模式策略，即在总销售量既定的情况下，选择高频率小批量订货或低频率大批量订货。对于促销效果的分析，不应单以订货次数论之。本节引入了单次进货量分析，并对比分析了促销次数和单次进货量受到的促销政策影响。

本节采用多元线性回归对经销商的单次订货数量受三类价格策略的影响进行分析，构建四个模型，分别检验价格促销策略、关系驱动策略及其交互作用对经销商订货批量的影响，并检验返利完成对其影响的调节效应。本节从企业内部销售数据库中获得了 2011 年 1 月 1 日至 2013 年 6 月 30 日该企业对 348 家经销商实施价格策略的完整记录及针对这些经销商的全部销售数据，由于模型涉及对返利任务完成前后经销商订货量水平差异的分析，根据营销实际情况来看，经销商完成返利任务通常出现在下半年。因此，2013 年上半年的数据被排除，本节研究仅选用 2011 年 1 月 1 日至 2012 年 12 月 31 日的销售数据进行。

统计结果显示，本节模型的拟合优度 R^2 在 0.3 左右，表明该模型能够在一定程度上解释促销的影响。控制变量的表现，同样符合本书研究的预期。产品单价与经销商订货量存在显著的负相关关系，而经销商销售规模与订货量存在显著的正相关关系，且两者的关系强度在不同模型间并不存在显著的差异性，表明控制变量的作用是相对稳定的，起到了控制其他无关效应的作用。

一、双驱动营销策略影响经销商订货批量的假说检验

本研究中，表 5-2 模型（1）检验了奖励型价格策略、威胁型价格策略、返

利策略和关系状态对经销商订货批量的影响，从表 5-2 可以看出，在控制了其他可能影响订货批量的因素后，奖励型策略对于经销商的订货数量存在积极的促进作用（β=1.176，p<0.001），而威胁型策略则存在消极的影响（β=-1.206，p<0.001）。这一结果显示了，促销期间，相对于威胁型策略，奖励型价格策略在经销商单次订货数量方面的正向影响，因此，假说 H9 得到验证。根据对数线性模型的特性进行换算，对于奖励型促销策略，优惠幅度提高 1 个百分点，经销商进货水平获得 1.176 个百分点的提升；而对于威胁型策略，威胁强度的涨价比例提高 1 个百分点，经销商进货水平则下降 1.206 个百分点。

表 5-2　经销商订货批量模型总结

进货数量（自然对数值）	模型（3）	模型（4）	模型（5）	模型（6）
截距	6.650*** (0.275)	6.804*** (0.277)	5.961*** (0.188)	6.072*** (0.185)
奖励型促销	1.176*** (0.057)	0.760*** (0.102)	1.275*** (0.065)	1.324*** (0.071)
威胁型促销	-1.206*** (0.095)	0.231 (0.256)	-0.429*** (0.118)	0.271 (0.169)
享受返利（是）	0.063*** (0.008)	-0.105*** (0.023)	—	—
返利比例	—	—	-0.997*** (0.143)	-1.310*** (0.154)
返利任务完成（是）	—	—	0.030*** (0.008)	-0.004 (0.015)
奖励型促销×返利任务完成	—	—	—	-0.052 (0.057)
威胁型促销×返利任务完成	—	—	—	-1.055*** (0.199)
返利比例×返利任务完成	—	—	—	1.363*** (0.254)
关系状态	0.026*** (0.004)	-0.002 (0.005)	0.008† (0.005)	0.008† (0.005)

续表

进货数量（自然对数值）	模型（3）	模型（4）	模型（5）	模型（6）
奖励型促销×关系状态	—	0.087*** (0.018)	—	—
威胁型促销×关系状态	—	-0.318*** (0.053)	—	—
享受返利×关系状态	—	0.037*** (0.005)	—	—
产品单价	-0.108*** (0.006)	-0.108*** (0.006)	-0.120*** (0.007)	-0.121*** (0.007)
经销商销售规模（自然对数值）	0.110*** (0.004)	0.110*** (0.004)	0.112*** (0.006)	0.110*** (0.006)
年份	控制	控制	控制	控制
季节	控制	控制	控制	控制
单品	控制	控制	控制	控制
品牌	控制	控制	控制	控制
地区	控制	控制	控制	控制
R^2	0.297	0.299	0.344	0.345
调整 R^2	0.297	0.298	0.343	0.343
样本数	87497	87497	57274	57274

注：†表示在 0.1 水平上显著相关，*表示在 0.05 水平上显著相关，**表示在 0.01 水平上显著相关，***表示在 0.001 水平上显著相关。

在经销商订货批次模型中，奖励型促销相对于威胁型促销，在有订货的经销商中，对订货次数的影响是负向的，即奖励型促销相对于威胁型促销状态，经销商倾向于较少的订货次数，且促销强度越大，变化的幅度越大；而在订货量模型中，奖励型促销能够增加经销商的订货数量，威胁型促销则减少经销商的订货数量，且促销强度越大，变化的幅度越大。这暗示经销商在不同的促销策略下，订货行为迥异，进而采取不同的订货行为模式，在奖励型促销期间，经销商倾向于大批量少批次进货方式，而在威胁型促销期间，经销商倾向于小批量多批次进货方式。

表 5-2 模型（3）还显示，返利策略对于经销商的单次订货数量同样具有显

著的正向影响（β=0.063，p<0.001），享受返利政策的经销商相对于未获得返利策略的经销商，其进货积极性更高。平均而言，带来的提升在6.3%左右。因此，假说H10a得到验证。模型（3）验证了三类促销策略均对经销商单次进货量存在显著影响。对于返利策略，还存在返利比例和返利任务量的区别，表5-2模型（5）显示，这些因素同样影响经销商的单次进货量。其中返利比例对经销商进货量水平的影响是负面的（β=-0.997，p<0.001），这表明设定更高的返利任务目标对经销商的进货意愿存在一定的阻碍。因此，假说H11得到验证。而返利任务完成与否，对于进货量存在显著的正向影响（β=0.030，p<0.001），相对于未完成返利任务的经销商，完成返利任务的经销商单次进货量有3%的提升。因此，本书假说H10b得到验证。

关系状态对经销商订货批量的影响为显著的正相关关系（β=0.026，p<0.001），即关系越疏远，订货批量越大。因此，假说H13得到验证。根据对数线性模型特性进行的估算，生人状态（数值为9）相对于家人状态（数值为1），订货批量增加约23%。同样地，这与其对经销商订货次数的影响存在差异性。在经销商订货批次分析中，关系状态对于进货次数的影响，体现出显著的负相关关系，即关系越倾向于生人，在促销期间的进货次数越少。这可能意味着与厂商关系表现为生人型关系的经销商倾向于大批量少批次进货方式，而家人型关系状态的经销商则倾向于小批量多批次进货方式。

二、返利完成与否的调节效应的假说检验

在享受厂商返利策略的经销商中，实际上还存在返利比例和返利任务量的区别，由于返利任务完成与否，是能否获得返利"收益"的决定性因素。本节通过表5-2模型（6）比较了价格促销策略影响受返利任务量完成状况的调节效应。同样地，按照Cohen等（1983）的建议，对涉及的变量进行中心化处理。

调节效应显示，返利任务完成与否，对于部分促销策略的作用，起到了显著的影响。F检验表明，模型（6）相对于模型（5），交互项的加入显著地提升了模型的拟合水平（F=19.566，p<0.001）；威胁型促销、返利比例与返利任务完成的交互项系数显著。其中，奖励型价格策略影响的强弱未受到返利任务完成与否的影响。表5-2中括号内的数值为标准误，按照计算t值为0.91，不能拒绝回

归系数为0的原假设，因而，"奖励型价格策略影响的强弱未受到返利任务完成与否的影响"才是与回归结果相符的。因此，假说H12b未得到验证。根据展望理论，对于奖励型价格策略来说，给经销商带来的是即时的、确定的"感知收益"，在这种确定的收益驱动下，不管经销商是不是完成了返利任务量，在此时进货，其因为奖励型促销而带来的确定"收益"是一定可以获得的，因而，并不会受到返利任务是否完成的影响。而对于威胁型策略，返利任务则影响了其作用方向（见图5-3）。表5-2模型（6）表明，威胁型价格策略对于订货批量的影响是负面的。但对于完成返利任务的经销商，高威胁型价格策略相对于低威胁型策略，对于经销商的订货批量起到了更强的削弱作用；而对于未完成任务的经销商，涨价威胁对于订货批量的影响并不显著（$\beta=0.271$，$p>0.1$）。而在返利比例上，对于完成返利任务量的经销商，高返利比例对进货意愿的激发有着微弱的正向影响，而对于未完成返利任务的经销商，高返利比例则显著地降低经销商的进货意愿（见图5-4）。因此，本书假说H12a和假说H12c得到验证。

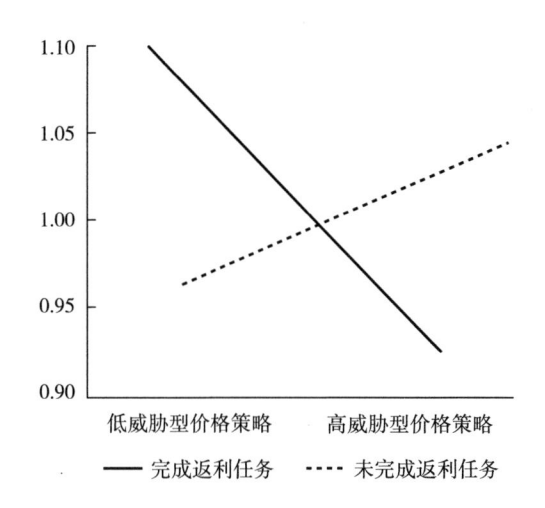

图5-3 返利任务是否完成与威胁型价格策略对订货批量的交互效应

注：根据对数线性模型，纵坐标表示不同威胁型促销强度下经销商订货量与威胁型促销平均强度水平下订货量间的比例关系。

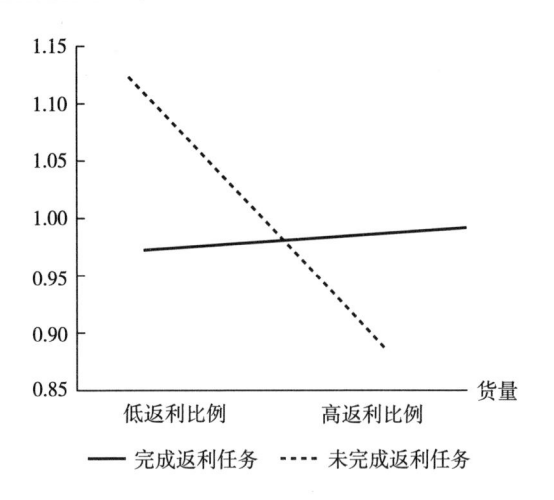

图 5-4 返利任务完成与否对返利比例对订货批量的交互效应

注：根据对数线性模型，纵坐标表示不同返利比例下经销商订货量与平均返利水平下订货量间的比例关系。

三、关系驱动策略与促销驱动策略的交互效应的假说检验

表 5-2 模型（3）验证了价格促销驱动策略和关系驱动策略均对经销商订货批量存在显著影响，表 5-2 模型（4）研究了两种营销驱动策略之间的交互效应，探讨在不同的厂商关系状态中，价格促销策略所起到的效果。按照 Cohen 等（1983）的建议，对涉及的变量进行中心化处理。F 检验表明，模型（4）相对于模型（3），交互项的加入显著地提升了模型的拟合水平（F = 53.089，p < 0.001）；奖励型促销、威胁型促销和返利策略三类促销策略与关系状态的交互效应均显著。

对于奖励型促销策略，主效应模型表明，奖励型促销手段对经销商订货量存在显著的正效应。而交互效应模型则发现，与厂商处于生人型关系状态的经销商，相对于处于家人型关系状态的经销商，对于奖励型促销策略更加敏感。促销强度在生人型关系状态下带来的订货量差异大于家人型关系强度下带来的订货量差异（见图 5-5）。而对于威胁型促销策略，在主效应模型中，威胁型促销手段对经销商订货量存在显著的负向影响。交互效应模型表明，与厂商处于家人型关系状态的经销商，威胁型促销手段对其影响极弱，而处于生人型关系状态的经销

商，促销强度越大，订货量则越少。与厂商越倾向于生人型关系，奖励型促销驱动的经销商订货批量越多。与厂商越倾向于生人型关系，威胁型促销驱动的经销商订货批量越少（见图5-6）。因此，假说H14a、H14b均得到验证。

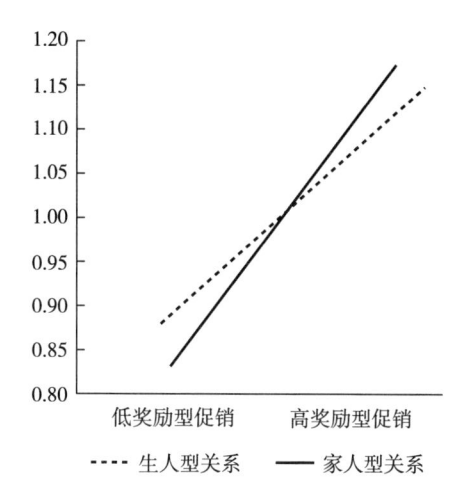

图5-5　关系状态与奖励型促销对订货批量的交互效应

注：根据对数线性模型，纵坐标表示不同奖励型促销强度下经销商订货量与平均促销强度下订货量间的比例关系。

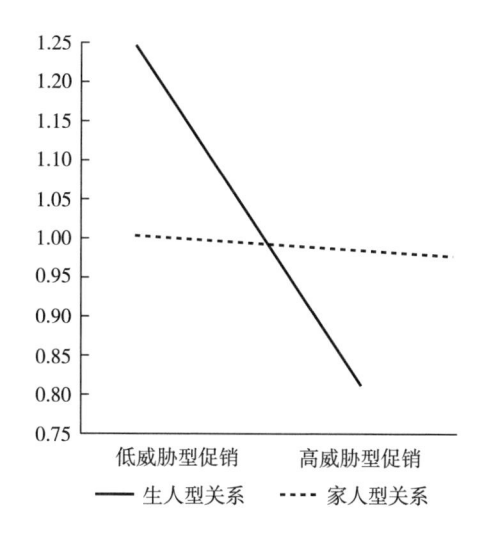

图5-6　关系状态与威胁型促销对订货批量的交互效应

注：根据对数线性模型，纵坐标表示不同威胁型促销强度下经销商订货量与平均促销强度下订货量间的比例关系。

对于返利策略，主效应模型显示的结果支持享受返利策略的经销商有更大的订货量。而交互效应表明，关系状态的影响同样存在于经销商对返利策略的反应中。与厂商处于生人型关系状态的经销商，返利策略对其单次进货量有正向的促进作用。而家人型关系则相反，享受返利策略的经销商，单次进货量则小于不享受返利策略的经销商（见图5-7）。因此，假说H14c得到验证。在返利政策下，家人型关系的经销商倾向于降低单次进货量；而生人型关系的经销商倾向于增加单次进货量。

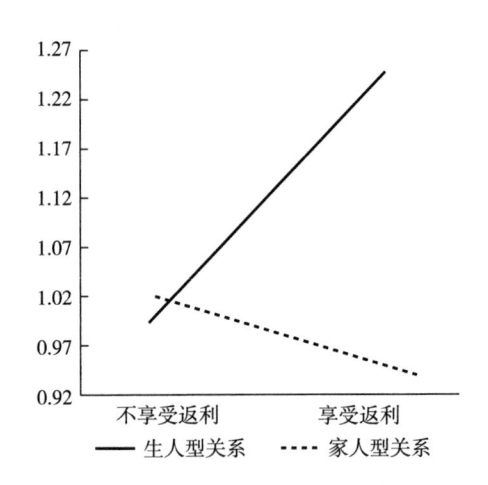

图5-7　关系状态与返利策略对订货批量的交互效应

注：根据对数线性模型，纵坐标表示经销商订货量在不同返利策略下的比例关系。

四、小结

本节基于双驱动营销策略下经销商的订货批量模型，验证了本书对于经销商订货批量受不同营销驱动策略影响的推论。结论与Ailawadi等（2007）以及国内学者郝辽钢等（2008）的研究结论一致。在本节的订货批量模型中，奖励型促销能够增加经销商的订货数量，而威胁型促销却会减少经销商的订货数量，且促销强度越大，变化的幅度越明显。而在返利政策下，家人型关系的经销商倾向于降低单次进货量；而生人型关系的经销商倾向于增加单次进货量。

本节研究结论还显示：对于促销驱动策略，在经销商订货批次模型中，奖励型促销相对于威胁型促销,在有订货的经销商中,对订货次数的影响是负向的,即奖励型促销相对于威胁型促销状态,经销商倾向于较少的订货次数,且促销强度越大,变化的幅度越大;而在订货批量模型中,奖励型促销能够增加经销商的订货数量,威胁型促销则减少经销商的订货数量,且促销强度越大,变化的幅度越大。这暗示经销商在不同的促销策略下,订货行为迥异,进而采取不同的订货行为模式。在奖励型促销期间,经销商倾向于大批量少批次进货方式;在威胁型促销期间,经销商倾向于小批量多批次进货方式。同样地,对于关系驱动策略,在经销商订货次数模型分析中,关系状态对于进货次数的影响,体现出显著的负相关关系,即关系越倾向于生人型,在促销期间的进货次数越少。在经销商订货批量模型中,系状态对于经销商订货批量的影响为显著的正向效应,即关系越疏远,订货批量越大。这可能意味着与厂商关系表现为生人型关系的经销商倾向于大批量少批次进货方式,而家人型关系的经销商则倾向于小批量多批次进货方式。本节研究结论不但验证了双驱动营销策略对经销商订货批量影响的差异,还揭示出了不同策略下经销商表现出迥异的订货模式,这也反证了本节从营销实践提升出对经销商"订货频率"和"订货批量"等订货行为进行分析的必要性,无论是对于营销实践还是学术研究,这无疑都有非常重要的启示和发现,给制造厂商有效分析价格促销策略的有效性,进一步利用经销商决策的"有限理性",引导实现不同的促销目的以极大的理论和实证参考。这一研究发现,对厂商有效把握经销商行为模式反应、精准实施双驱动营销策略具有重大启示。

第三节 双驱动营销策略影响的厂商长期销售绩效模型

在已有研究中,价格促销策略的效果可以被区分为短期效果和长期效果,从短期看,价格促销使销售对象感知获得"收益",进而提升其购买意愿,增加购买数量以及降低购买周期,不管是针对消费者市场还是经销商市场的研究,这一结论都得到普遍的证实和认同。而前人研究对于促销的长期影响持不同的观点,并没有一个确定的结论。本节研究的模型主要用于验证和对比价格促销策略、返利策略和关系营销策略对厂商长期销售绩效的影响。

一、模型总结和假说检验

本节研究，采用多元线性回归对经销商的总进货额受促销政策及关系状态的影响进行分析。首先，表5-3模型显示，关系状态、价格促销和返利水平都对经销商的总进货额存在显著影响。其中，关系状态对总进货额的影响为显著的负效应（$\beta=-0.305$，$p<0.001$），表示厂商关系越亲近，越倾向于家人型关系，则经销商的总进货额越大，亦即厂商对经销商的销售绩效越好，支持了关系驱动策略对厂商销售绩效正向影响的假说。因此，假说H18得到验证。

价格促销策略对于厂商销售绩效的影响方面，从回归结果来看，价格促销策略的促销次数对于总进货额的影响为边际显著的正效应（$\beta=0.260$，$p<0.10$）。这一结果支持了价格促销策略对厂商长期销售绩效存在正向影响的假设。因此，假说H15得到验证。返利型策略对于厂商的销售绩效同样具有促进作用，其对于总进货额的影响为显著的正效应（$\beta=0.144$，$p<0.05$）。这一结论支持了返利型促销对厂商长期销售绩效存下正向影响的假设。同时，根据标准化的回归系数，单位水平的返利强度增长对经销商总订货额的正效应小于增加单位水平的价格促销次数带来的影响。这表明从整体上看，返利水平对经销商总订货额有正向影响，但其影响要弱于价格促销。该结论同样支持本书对返利策略和价格促销效应大小的假设。因此，假说H16和假说H17得到验证。进一步地看，关系状态对经销商总订货额的影响要强于价格折扣型促销，同样支持本书对关系状态和价格折扣型促销效应大小的假设。因此，假说H19得到验证。

表5-3 厂商长期销售绩效回归模型总结

订货总额（标准分数）	模型
截距	−0.546 (0.372)
关系状态（标准分数）	−0.305*** (0.067)
促销次数（标准分数）	0.260† (0.058)

续表

订货总额（标准分数）	模型
返利水平（标准分数）	0.144*
	(0.058)
经销商销售规模（标准分数）	0.016
	(0.049)
地区	控制
R^2	0.471
调整 R^2	0.403
样本数	274

注：†表示在 0.1 水平上显著相关，*表示在 0.05 水平上显著相关，**表示在 0.01 水平上显著相关，***表示在 0.001 水平上显著相关。

二、小结

长期以来，以往有关文献研究都认为价格促销策略只是一种短期性驱动顾客购买的营销策略，而其对长期销售绩效的影响到目前为止还没有一个一致的结论。本节研究结论显示：在制造商对经销商的价格促销策略中，价格促销策略不仅起到了激励客户短期订货、影响客户订货行为决策、提高短期销售绩效的正效用，价格促销和返利策略都对厂商对经销商的长期销售绩效具有正向影响，对厂商长期销售绩效具有促进作用。这一结论，印证了 Ailawadi 等（2007）、Lal（1990）和 Srinivasan 等（2004）认为价格促销能有效促进长期销售绩效的观点。另外，已有文献研究对返利型促销的影响效果普遍持正面态度，这一认识在本书中也得以验证，并且还证实了返利策略对厂商长期销售绩效的积极促进作用。Uzzi（1997）指出，同时使用"经济型"促销策略和"社会型"促销策略的制造厂商，对获取双方合作关系效益具有较好的促进作用。营销关系的双方，在经济型交换和关系型交换的过程中，在所有的交换行为中，会从单个离散的交换到高程度的关系交换。本节研究结论还显示：厂商关系越亲近，越倾向于家人型关系，经销商的总进货额越大，亦即厂商的销售绩效越好，关系驱动营销策略对销售绩效具有正向影响。本节研究结论还给予 Uzzi（1997）以有利的实证支持。

第四节 结果汇总

本章研究在社会交换理论的框架下,将代表"关系性"交换和"经济性"交换的两种营销策略——关系驱动营销策略和促销驱动营销策略,同时引入B2B营销交换关系研究,构建了基于双驱动策略影响下的经销商订货行为模型和厂商销售绩效模型,运用展望理论等行为决策理论和Eyuboglu和Buja(2007)教授提出的类达尔文"选择"理论进行分析:一方面,全面完整地揭示了双驱动营销策略是怎样影响经销商的订货意愿、订货频率和订货批量等订货行为的。通过本章数据分析,大部分假说得到了实证检验,给予理论研究以有利的实证支持。并且,研究结论还显示了双驱动营销策略影响经销商的订货行为,进而暗示了经销商在策略驱动下表现出的"大批量少批次的集中订货"和"小批量多批次的频繁订货"这两种不同的订货行为模式。另一方面,本章又进一步分析了双驱动营销策略对厂商长期销售绩效的积极作用,并比较了关系驱动策略和促销驱动策略对厂商长期销售绩效影响的差异,相关假说也得到了实证支持。

本研究提出的19个假设中,绝大部分得到了实证数据的证实。现将本书的假说及验证结果汇总如表5-4所示。

表5-4 假说及验证结果汇总

序号	假说	结果
H1	厂商采取奖励型促销策略,相比威胁型促销策略,经销商表现出更强的决定订货意愿	验证
H2	在面对厂商价格促销策略时,促销强度对经销商是否订购意愿的影响具有显著的调节作用	验证
H2a	威胁型促销的强度越大,经销商的决定订购意愿越弱	验证
H2b	奖励型促销的强度越大,经销商的决定订购意愿越强	验证
H3	对于经销商来说,享受到返利策略对其订购意愿有正向影响	验证
H4	厂商关系状态越倾向于家人型关系,经销商表现出的决定订购意愿越强	验证

续表

序号	假说	结果
H5	在决定订购的经销商中，相对于奖励型促销来说，在威胁型促销策略下经销商的订货频率会更高	验证
H6	在价格促销策略对经销商订货频率的影响中，促销强度有显著的调节效应	验证
H6a	如果加大威胁促销的强度，经销商将会提高订货频率	验证
H6b	如果加大奖励型促销的强度，经销商将会降低订货频率	验证
H7	返利策略对经销商订货频率有正向影响	验证
H8	关系状态越倾向于家人型关系，经销商表现出越高的订货频率	验证
H9	相对于威胁型促销，奖励型价格促销下经销商表现出更高的订货批量	验证
H10a	享受到返利策略，对经销商的订货批量有显著正向影响	验证
H10b	享受返利策略的经销商，在返利任务完成后，其订货批量明显提高	验证
H11	返利比例越高对经销商订货批量的负向影响越大	验证
H12a	在威胁型价格策略对经销商订货批量的影响中，返利任务完成有显著的调节效应	验证
H12b	在奖励型价格策略对经销商订货批量的影响中，返利任务完成有显著的调节效应	未验证
H12c	在返利比例对经销商订货批量的影响中，返利任务完成有显著的调节效应	验证
H13	厂商关系状态越倾向于生人型关系，经销商面对促销时的订货批量越强	验证
H14a	与厂商越倾向于生人型关系，奖励型促销驱动的经销商订货批量越多	验证
H14b	与厂商越倾向于生人型关系，威胁型促销驱动的经销商订货批量越少	验证
H14c	与厂商越倾向于生人型关系，返利策略驱动的经销商订货批量变化越大	验证
H15	厂商对经销商实施的价格促销策略越频繁，驱动厂商的销售绩效越好	验证
H16	返利策略对厂商的长期销售绩效有正向影响	验证
H17	相对于返利型促销，价格促销策略对经销商销售绩效的影响较小	验证
H18	关系状态越倾向于家人型关系，越能够提升厂商对该经销商的长期销售绩效	验证
H19	相对于价格促销策略，关系策略对厂商长期销售绩效的影响更大	验证

第五节 结果讨论

通过本章的数据分析和实证检验发现，在本书研究框架中提出的假说绝大部分都得到了验证，除了研究假说获得支持，研究结果还暗示了经销商在不同营销驱动策略下订货模式的明显变化，下面对本书的研究结果进行讨论。

一、促销策略与经销商订货行为

有关价格促销策略对消费者购买行为决策影响的研究文献较多，也已经获得了一个普遍的结论：价格促销提升了消费者的购买意愿，带来购买数量的提升和购买周期的缩短，加速了产品的销售进程。本章研究结论同消费者行为研究得到的普遍结论一致，B2B价格促销确实起到了促进销售额增长的作用，这一点肯定了多数研究显示的促销策略对销售量的促进作用。本章通过对奖励型和威胁型两种截然不同的价格促销策略的研究进一步验证了价格促销策略呈现方式不同，影响也不相同。该结论与郝辽钢等（2008）研究指出的"厂商促销策略，如果价格折扣的呈现方式不同，那么意味着对价格促销产生的影响有所差异"和Bruno等（2012）研究指出的"单位价格上涨或下降对客户订购行为的影响程度是不对称的"结论一致。

第一，研究结论显示，促销策略带来经销商订货意愿的提升，通过两方面的作用影响经销商的订货行为。本章分别采用促销期间订货次数（订货批次）和单次订货量（订货批量）两个指标衡量经销商订货行为的变化。面对厂商的价格促销策略，相对于威胁型价格促销策略，在奖励型促销策略下，经销商表现出更强的决定订货意愿；不过，在决定订货的经销商中，相对于威胁型促销，在奖励型促销下经销商倾向于更少的订货次数，且促销强度越大，变化的幅度越大；而奖励型促销能够增加经销商的订货数量，威胁型促销则减少经销商的订货数量，且促销强度越大，变化的幅度越大。这暗示了，经销商在不同的促销策略驱动下，订货行为迥异，进而会表现出同样差异的订货行为模式，在奖励型促销期间，经销商倾向于大批量少批次的集中进货方式，而在威胁型促销期间，经销商倾向于小批量多批次的频繁进货方式。这一研究发现跟B2B营销关系中厂商跟经销商的合作模式和特点紧密相关，跟消费者促销研究结论有明显差异。

第二，研究结论揭示了经销商面对不同类型的价格促销策略之所以表现出不同订货行为模式的深层次根源。在营销实践的厂商经销商关系中，有两个重要特点：一是经销商作为厂商跟消费者（用户）的中间环节，承担了该厂商在当地市场批发、分销和零售等实际业务，经销商的利润来源主要是其销售价格跟进货价格的差额以及厂商给予的返利。二是经销商都会对厂商货物有一定的仓储能力,并且每个经销商的仓储能力、周转资金等大体上是既定的。在这两个条件的共同作用下,当经销商面对厂商奖励型促销策略的时候,在确定"收益"的驱动下,为了尽可能多地获得确定收益,一定会根据自己的库存能力大批量进货,因为,进货量越多意味着获得的确定收益越多,促销强度越大、提高进货批量的积极性越高;虽然经销商享受到了厂家给予的"降价优惠",但并不会迅速将此"优惠"传递给他的顾客,因此,经销商在第一时间大批量进货越多并实现"原价"销售,便可更多地增加其售价和进货价的差额,从而获得更高额的利润,此时,经销商快速进货并快速实现销售的积极性是非常高的。而当经销商面对威胁型促销策略的时候,由于在未来特定时间进货价格要确定上涨,而如若经销商的销售价格不能同幅度上涨,那对经销商来讲将会带来利润损失,因此,虽然也会在涨价之前根据自己的仓储能力多进货,但此时的销售积极性并不会太高,带有观望情绪,因而会采取小批量多批次的频繁订购模式。因此,从上述分析看来,奖励型促销策略驱动经销商采取大批量小批次的集中订货行为模式,而威胁型促销策略则驱动经销商采取多批次小批量的频繁订货行为模式,是非常符合营销实际的。

第三,研究结论还显示了,对于价格促销驱动营销策略,在经销商订货次数模型中,奖励型促销相对于威胁型促销,在有订货的经销商中,对订货次数的影响是负向的,即奖励型促销相对于威胁型促销状态,经销商倾向于较少的订货次数,且促销强度越大,变化的幅度越大;而在订货量模型中,奖励型促销能够增加经销商的订货数量,威胁型促销则减少经销商的订货数量,且促销强度越大,变化的幅度越大。这暗示经销商在不同的促销策略下,订货行为迥异,进而采取不同的订货行为模式,在奖励型促销期间,经销商倾向于大批量少批次进货方式,而在威胁型促销期间,经销商倾向于小批量多批次进货方式。双驱动营销策略影响经销商订货行为,进而暗示了经销商在策略驱动下表现出的"大批量少批次的集中订货"和"小批量多批次的频繁订货"这两种不同的订货行为模式。根据这一结论,就给厂商设定不同的促销目标,采用不同的促销方式提供了非常有益的参考和借鉴,让厂商分析不同促销方式下经销商行为决策背后的机制更加有效。

第四,研究结论给厂商有效把握如何在"合适的时候"、以"合适的方式"、对"合适的经销商"采取"合适的营销策略"提供了依据和参考。根据 Eyuboglu

和 Buja（2007）提出的类达尔文"选择"理论，厂商跟经销商这种一方行为下的"适应性改变"正是双方关系持续发展的驱动力，无疑对双方合作都是有利的。这也让厂商更能针对性地利用经销商决策的"有限理性"和厂商关系中这种相互的"适应性改变"，引导经销商行为模式的变化，从而实现企业不同阶段的不同营销目的。

二、关系策略与经销商订货行为

本章的研究结论说明，在中国文化因素与历史背景的影响下，西方的组织行为模型并不适合于华人组织（Chen and Godkin，2001）。尹洪娟等（2008）也曾指出，由于中西方之间的社会交换关系差异非常大，因此，在跨文化的适用性方面有待进一步评估。因此，在中国文化背景下研究关系营销策略，必须依存于中国实际。华人文化对于人际关系的重视，在面对不同互动对象时，必须先考虑彼此关系的亲疏远近。费孝通（1993）提出的"差序格局"理论指出的"中国人的人际网络具有亲疏、贵贱、上下与远近等的差序性"在中国市场营销关系的研究中将显示出其更加重要的基础作用。本章研究结论还指出，对于关系驱动策略，在经销商订货次数模型分析中，关系状态对于进货次数的影响，体现出显著的负相关关系，即关系越倾向于生人型，在促销期间的进货次数越少。在经销商订货批量模型中，系状态对于经销商订货批量的影响，为显著的正向效应，即关系越疏远，订货批量越大。这可能意味着与厂商关系表现为生人型关系的经销商倾向于大批量少批次进货方式，而家人型关系状态的经销商则倾向于小批量多批次进货方式。

本章的研究结论，跟杨国枢（1993）提出的"不同关系状态决定人际交往的对待原则、处事方式和相互依存的具体形式"相一致。在厂商关系中，双方处于"家人关系"的，相互对待原则是一种"低回报、讲责任"的"高特殊主义"，更看重的是双方关系的长期持续和紧密呈现，本章研究中，跟厂商处于家人型关系状态的经销商，对短期的利益和所谓的即时"回报"表现出非常低的关注，不会太过看重促销带来的短期利益，而是会根据自己的日常销售情况确定进货量，因而，倾向于小批量多批次的频繁进货方式；而双方处于"生人关系"的相互对待原则则表现为一种即时"高回报讲利害"的"非特殊主义"，这时候看重的就是短期的利益回报和"便宜行事",这也就意味着,与厂商关系表现为生人型关系的经销商倾向于大批量少批次的集中进货方式。这一结论,也反过来证明了黄崇铭(2010)研究显示的家人型关系对应"需求法则"、熟人型关系对应"人情法则"和生人型关系对应"公平法则"的华人社会商业关系的合作关系法则。

本章的研究结论启示:一是在中国B2B市场的商业活动中,关系营销策略起到了非常重要的驱动作用。关系,可以说是厂商和经销商关系持续发展和互利共赢的关键纽带。在中国市场上,不管是厂商还是经销商,为了实现其商业目的,一般来讲,都会投入大量的时间、精力甚至财力在双方关系的开发、建立和维护上。因而,厂商在制定销售政策、选定销售人员、实施营销激励或进行宣传活动的时候,都要考虑到有利于促进跟经销商的关系。二是厂商把关系营销作为一种经销商行为的驱动策略,有利于厂商对关系营销策略的实施和营销实践中厂商经销商关系的推进,厂商在合作关系中注重关系策略的运用,能够满足经销商对情感以及其他经济需求以外的需求,在长期的合作关系中,也能够唤起经销商的非理性需求,从而降低了厂商之间纯"经济"性的关系和对价格的敏感,进一步确保这部分经销商对厂商的忠诚度、最大限度地降低经销商可能地被竞争对手厂家争抢,不但给厂商创造更大的利润空间,还让厂家的经销体系更加稳定。三是在有效实施对经销商关系营销策略的同时,厂商更应注重企业内部各个部门、各部门人员尤其营销人员的企业内关系营销,让企业人员尤其是跟经销商业务往来的边界人员充分认识关系营销策略的重要性、理解企业关系营销策略的真正意义,并激励他们主动自发地做好跟经销商的关系营销,发挥企业内部全员实施关系营销策略,这对于理顺企业内部关系以便更能促进对经销商关系营销策略的实施有极其重要的作用。

三、关系策略与促销策略

本章研究结论显示,与厂商关系越倾向于生人型关系,经销商对价格促销策略越敏感,而越倾向于家人型关系,经销商对价格促销策略越不敏感。深刻揭示了中国文化影响下的商业关系运作中关系跟价格在交换关系中的交互作用,为中国背景下关系营销研究的特殊性和必要性提供了新的有利证据。

第一，本章的研究结论从实证角度支持了黄光国（2009）建立的"中国社会如何以'人情''面子'影响他人行为的理论架构"。该架构将关系分为三种，分别是情感性关系、工具性关系和混合性关系，其中情感性关系类似于家人型关系，工具性关系类似于生人型关系，混合性关系类似于熟人型关系。黄光国教授指出，情感性关系中情感成分是第一位的，注重的是关系的长久和稳定，而工具性关系中的情感成分则是最末位的，注重的是短期利益，双方关系是短暂的和不稳定的。跟研究结论显示，经销商越倾向于家人型关系，就越弱化了经济成分，而增加了情感成分的作用，因而对价格促销策略越不敏感。

第二，本章的研究结论也有力地解释了基于营销策略的 B2B 营销关系跟消费者市场顾客关系的显著差异。经销商作为市场中的"中间商"和"贸易商"，自己并不生产任何产品，而是作为厂家的该地区市场的"产品代理"，从产品销售中获取差价，其订购厂商产品的目的不是为了使用，而是通过二次销售获得利润，因此，能否给经销商创造足够的利润空间是厂商策略成败的一个关键。不过，由于促销策略跟关系策略的交互效应的存在，厂商如若能够有效实施关系营销策略，让经销商关系越来越"亲密"、更趋向于家人型关系，则可以有效地降低经销商对利润空间的敏感性，从而更有利于厂商对经销商的管理和引导。

第三，经销商组织市场跟消费者市场的另外一个显著差异就是，经销商一般都有一定的"仓储能力"。经销商在一定时期内订购的厂商产品并不是即时出售的，他们会根据市场情况、售价和厂商订货价格的变动围绕利润来调整自己的库存和销售进程。跟厂商关系越趋向于家人型关系，厂商对库存和销售进程的调整越小，会尽可能地根据产品实际销售进程进行销售和推广；而跟厂商关系越趋向于生人型关系，厂商对库存和销售进程的调整越大，对促销策略的重视程度越高，并且，当厂商对生人型关系类型的经销商实施威胁型促销策略的时候，不但更加降低了经销商进货批量多的积极性，而且，当经销商订购了一定数量的货物之后，由于对未来涨价之后即将带来的预期"损失"更加重视、对价格更敏感，这就导致该部分经销商大大降低对厂家产品的推广和销售力度，甚至将经销重点转向该厂家的竞争对手厂家，这对厂商来讲则是非常不利的，这一点是厂商营销管理者们必须重视的。

第四，经销商跟厂商关系的"亲疏"其实也代表了获取厂商和市场信息的完整和及时程度，由于信息的不对称，越倾向于家人型关系的经销商，跟厂家以及厂家销售经理的关系都更加密切，因而，获取的厂家和市场信息更多更及时，并不会太过于担心由于厂商的销售政策给自己带来销售业务的极大波动，当厂商推出或"奖励"或"威胁"的营销策略的时候，经销商的行为决策会相对更加"理性"，因而，对厂商的促销策略就不会那么敏感。而跟厂商处于生人型关系的经销商，由于跟厂商关系仅限于"公平合作"，相关信息沟通的程度较低，当厂家推出不同营销策略的时候，经销商的"有限理性"决策会更突出地表现出来。

第五，本章的研究结论启示：关系营销策略可以在某种程度上有效地降低经销商对价格、促销、返利等经济性交易的敏感度，这对厂商在产品定价、价格调整以及提高厂商利润方面都有极其重要的帮助，有利于厂商利用不同的营销情境更好地把握跟经销商的关系和策略的运用，增加经销商的忠诚度和依赖度，稳定自己的经销体系和运营团队；从另外一个角度来看，关系营销策略也给制造厂商之间有效避免恶性"价格战""促销战""宣传战""广告战"等过度的"经济性"恶性竞争提供了一个有益的方法。

四、返利完成与促销策略

与消费者市场的促销相比，B2B贸易促销有一个最大的区别，就在于返利策略的引入。对于返利策略的正面作用，学术界一直持正面和一致的观点，例如，Ailawadi（2001）认为，返利策略相对于直接价格折让对渠道是一个双赢策略。Drèze 和 Bell（2003）通过实证研究表明，相对于直接价格折让，返利策略能够带来经销商更加理性的订货，增加经销商对顾客的让利，同时获得更高的销售额。本章研究中，不仅对返利策略对经销商订货行为的积极作用给了实证数据的支持，还证实了返利比例越高对经销商订货批量的消极影响。

通过本书深度调研，笔者认为，在企业营销实践中，通常还会设定一个返利任务量。本章研究结论显示：返利任务量完成与否，在促销策略对经销商订货批量的影响中有显著的调节效应。在威胁型价格策略对经销商订货批量的影响中，返利任务完成有显著的调节效应。对于享受到厂商给予的返利政策的经销商，在完成返利任务之后，威胁型促销策略的促销强度越大，对其订货批量的促进作用越强；而在未完成返利任务的时候，威胁型促销的强度越大，则会进一步削弱经销商增加订货批量的积极性。这一结论符合展望理论的"参考点依赖"原理。经销商作为决策主体在评价事物时，总要与一定的参考点相比较，从而判断"收益"或"损失"。返利任务量既是经销商在确定返利"收益"是否获得的"参考点"，一旦经销商完成返利任务，则是确定获得了预期"收益"。决策者对于积极的"确定收益"一般会表现出强烈的追求欲望。对于享受到厂商返利策略的经销商，在其完成返利任务量之后，已经确定可以获得相应的预期"收益"，同时，顾客通常对价格升高的反应要比价格降低的反应更强烈。在预期"收益"已经获得的情况下，经销商往往会选择继续"冒险"，以便更多地增加自己的预期收益。因此，在经销商完成返利任务之后，在威胁型促销下，高威胁型促销策略相对于低威胁型价格策略，对于经销商增加订货批量的积极性会产生更强推动作用；不过，如果返利任务很高，经销商无法如期完成，将意味着可能面临涨价风险，预示着预期"收益"获得的难度将会更大，因此，当经销商还未完成返利任务的时候，此时的高威胁型价格策略则会削弱经销商进货的积极性。在返利比例对经销商订货批量的影响中，返利任务完成也有显著的调节效应。对于完成返利任务的经销商，高返利比例对经销商增加订货批量起到了更强的驱动作用；而对于未完成返利任务的经销商，更高的返利比例则更加显著地降低了经销商增加订货批量的积极性。

不过，在本章研究中，关于返利完成在奖励型策略对经销商订货批量影响中的调节效应的假说并没有获得实证数据的支持。这是因为根据展望理论，对于奖励型价格策略来说，给经销商带来的是即时的确定的"感知收益"，在这种确定的收益驱动下，不管经销商是不是完成了返利任务量，在此时进货，其因为奖励型促销而带来的确定"收益"是一定可以获得的，因而，并不会受到返利任务是否完成的明显影响。

本章的研究结论启示：一是经销商作为厂商在当地市场上产品推广和销售的代表，以返利政策或其他约定协议的方式给其一定金额的确定的"预期收益"十分有利于激励经销商推广和销售的积极性，对厂商来讲，是以利益共享和利润分成的特殊形式"捆绑"了经销商跟厂商之间的共同利益和"家人"关系，对厂商维护经销体系和扩大产品销售的积极作用毋庸置疑。二是既然返利策略作为一种激励政策，厂商在制定返利策略的时候一定要根据不同地区、不同经销商的实际情况"量体裁衣"，确保返利策略起到最大激励效用。尤其在设计返利任务量和返利比例的时候，必须根据经销商的历史销售数据，结合经销商的经营实际和市场增量进行。一方面，用好所设定的返利任务量，作为激励经销商销售厂商产品的基本目标，驱动经销商努力推广；另一方面，所设定的任务量不能太大，必须确保经销商在努力推广销售的前提下可提前一定的时间完成返利任务量，这样又可以利用完成返利任务量之后已获得的"确定收益"，结合适当的促销策略，驱动经销商进一步提高推广销售的积极性。

五、双驱动策略与厂商长期销售绩效

以往学术研究中，不管是针对消费者市场还是经销商市场的促销策略，都得到了一个普遍认同的结论：从短期看，价格促销使销售对象感知获得"收益"，进而提升其购买意愿，增加购买数量以及降低购买周期。而前人研究对于促销的长期影响，却分别持有不同的观点，并没有一个确定的结论。

本章的研究结论显示：厂商对经销商实施的价格促销策略对驱动厂商的长期销售绩效有积极作用。正如Ailawadi等（2007）研究认为的，虽然囤货行为触发了提前购买，将未来销售量转移到当前，但仍可借助顾客的重复购买以及囤货行为增加的额外库存造成的对竞争对手的排挤作用对未来的销售造成正面的影响。Lal（1990）和Srinivasan等（2004）的研究同样表明，价格促销从长期来看能够促进厂商销量和收入的共同增长。本章研究结论还显示，返利策略不但通过带来短期效果促进了厂商短期销售绩效的提升，更关键地，作为厂商双方在长期合作当中协商形成的一种"关系规范"，返利策略通过经济利益共享的形式让双方的合作关系变得更加稳固和持久，必然带来厂商对经销商长期销售绩效的积极影响。同时，相对于奖励型或威胁型价格促销策略来看，返利策略的积极影响是长期的和持续的，不但促进了厂商双方的经济型交换，还逐步促进了双方的关系型交换，进而促进了经销商对厂商的依赖关系，这对厂商长期销售绩效的影响，应当是非常积极和正向的。Uzzi（1997）研究指出，同时使用"经济型"促销策略和"社会型"促销策略的制造厂商，对获取双方合作关系效益具有较好的促进作用。营销关系的双方，在经济型交换和关系型交换的过程中，在所有的交换行为中,会从单个离散的交换到高程度的关系交换。本研究结论还显示:厂商关系中,关系越亲近,越倾向于家人型关系,经销商的总进货额越大,亦即厂商的销售绩效越好,关系驱动营销策略对销售绩效具有正向影响。本章研究结论还给予Uzzi(1997)以有利的实证支持。

鉴于研究结论显示的双驱动营销策略在厂商长期销售绩效方面的显著影响,结合企业营销实践,本研究就厂商如何有效运用双驱动营销策略,持续提高厂商长期销售绩效,提出如下启示和建议:

第一,制造厂商必须要充分研究和理解经销商的各种实际需求。随着经销商多年来的利润积累,经销商实力不断增强,已不再是单纯只重视利润,经销商单位追求的不再仅限于短期利润的增加,"合作经营""人本经营""关系经营"已经成为贸易公司的一种新追求。厂商必须有效把握各种非物质的非经济的需求,通过关系营销策略拉近厂商与经销商之间的心理距离。

第二,作为跟经销商进行日常的实际业务往来的制造厂商企业驻各个地区的销售经理,在厂商关系中作用非常大,企业要培训他们牢固树立关系营销思维和"厂商一家亲"的观念,在实际工作中,围绕着增进跟经销商的关系,做好"节日营销""礼品营销""客情营销"等关系营销策略。

第三,制造厂商要培养起企业管理者,尤其是各个级别的销售业务管理者们界定经销商价值和明晰经销商类别的能力。这是企业进行经销商管理和服务的前提。只有具备分析判断经销商真实情况的能力,才能针对重点经销商采取相应的行动,从而把企业有限的资源和政策集中投入到特定的目标经销商,从而达到企业预期的营销目的,实现"事半功倍"。

第四,针对不同的经销商采取与之相适应的价格促销策略或关系营销策略,真正建立起经销商的忠诚度,构建"厂商一家亲"的合作关系。要做好这项工作,厂商必须真正了解经销商面对每种策略时所采取行为决策的真实动机和想法,根据经销商的行为动机作进一步的规划和分类。

第五,要建立健全"忠诚经销商体系"建设,实施"经销商忠诚计划"方案。建立一整套对经销商执行评价、衡量、考核、奖励、培训和提升等的标准体系,以便厂商能够掌握经销商的各种变化,提高厂商的应变能力,根据经销商的实际情况制定相应的策略方案,并随时作出调整。

第六章 研究结论及讨论

在 B2B 情境下，厂商应当如何有效运用双驱动营销策略来有效激活经销商的订货，提高销售量、提升销售绩效，是本书要重点解决的问题。根据社会交换理论，B2B 营销交换关系的驱动策略不仅包括"经济型"策略，还包括"社会型"策略，Uzzi（1997）的研究曾指出，同时使用"经济型"促销策略和"社会型"促销策略的制造厂商，对获取双方合作关系效益具有较好的促进作用。因此，本书将关系驱动营销策略和促销驱动营销策略同时引入对经销商订货行为的研究，这也是国内外营销研究领域非常重要的两个研究方向。对于双驱动策略影响经销商订货、顾客行为和企业绩效的问题，不管是在学术界还是企业界，长久以来，一直存在较多的争议，甚至存在正反相对的两种研究结论和认识。以至于企业在运用营销策略的过程中不知道该如何策划和执行，并且，经常出现营销策略达不到预期效果的情况，甚至遭遇营销策略的失败。尤其是很多在中国经营的外资企业，虽然在中国市场躬耕多年，但是，对于到底该如何协调运用关系驱动营销策略和价格促销营销策略始终模棱两可，这或许真的就是缺乏对中国独特的"差序格局"式关系的文化认识的缘故。为了更好地帮助企业营销管理者们正确理解关系驱动型营销策略和促销驱动型营销策略在中国市场，尤其是中国 B2B 贸易市场营销关系中重要作用，本书给营销管理者们以有益的理论和实践方面的参考。

第一节 研究总结

本书将关系驱动型营销策略和促销驱动型营销策略同时引入研究，一方面，全面完整地揭示了双驱动营销策略是怎样影响经销商的订货意愿、订货频率和订货批量等订货行为，从而如何影响经销商形成两种不同的订货行为模式；另一方面，又进一步研究了双驱动营销策略是如何影响厂商的销售绩效，并比较了关系驱动策略和促销驱动策略对厂商长期销售绩效影响的差异。

（1）经销商订货行为决策受价格促销驱动营销策略的影响。与威胁型促销相比，经销商在决策是否下单订购时，更倾向于选择在奖励型促销下下单；不过，与之相反，与奖励型促销相比，威胁型促销带来的订货批次会更多，也就是在决定下单的经销商中，威胁型促销驱动的订货会更加频繁；返利策略体现出显著的正向影响，主要针对两类决策，即经销商是否订购以及订购的次数。顾客进行某种活动过程中，从对方那里，希望得到的报酬越多，则从事这项活动的可能性就越大。同时也给予 Drèze 和 Bell（2003）研究有力的支持，他们的研究表明，相对于直接价格折让型促销，返利型促销能够带来经销商更加理性的订货，平抑需求波动性，增加经销商对顾客的让利，同时获得更高的销售额。研究还发现，奖励型价格策略对经销商的订货批量有显著的正向影响，而威胁型价格策略则对经销商的订货批量有显著的负向影响。这一结论，验证了 Bruno 等（2012）的研究发现，即单位价格上涨或下降对客户订购行为的影响程度是不对称的。

（2）促销强度和返利完成的调节作用。本书发现，促销强度对促销策略影响经销商的订购意愿中有较强的调节效应。这一结论，给予 DelVecchio 等（2006）通过元分析总结促销对品牌感知和价值的影响中提出的促销强度的调节作用以有力的理论和实证支持。这一结论，也验证了 Hardesty 和 Bearden（2003）的理论研究结果，他们的观点是，促销利益水平，也称为促销强度或者促销力度，将对消费者针对不同促销类型带来的"获得效用"感知产生一定的影响，进而对交易效用的整体水平产生影响，也是对 DelVecchio 等（2006）研究证实促销强度所具有的调节效应的有力支持。与此同时，我们发现尽管客户的订购倾向会受到两种促销策略的影响，两种策略包括奖励型和威胁型促销策略，不过两者具有不同的影响机制。通过分析和研究可知，在不同价格促销策略下，经销商的订购倾向体现出差异性较大的特点，在促销强度的影响下，这个特点进一步被放大，奖励型促销在是否进货的决策上，比威胁型促销具有更大的激励作用，在更大的促销强度中，两者间的差距表现更加显著。与此相反，威胁型促销在决定进货客户的频繁订购决策过程中，具有更大的激励作用，两者之间的差距在促销强度的影响下，进一步被放大。针对不同经销商不同的订购倾向性，是否还存在更深一层的行为表现或者原因，我们应当对此进行深刻的研究和思考。本书研究显示，享受到返利策略对促进经销商的订货批量有显著的正向影响，返利任务完成对经销商的订货批量有显著的正向影响，而返利比例越高则对经销商的订货批量有显著的负向影响。价格策略得到了制造商的广泛使用。受仓储能力，经销商实力等因素的制约，他们面对价格歧视，即制造商通过价格策略实施的歧视，表现出各不相同的订货批量和意愿，经过对订货批量的调整，得到较高的利润。经过研究可知，交互效应在返利完成与否在威胁型价格策略和返利比例影响经销商订货批量中是非常显著的。这充分证明作为一种非常有效的价格激励方式，返利策略将显著影响着经销商的订货行为。

（3）关系驱动营销策略对经销商订货行为决策的影响。本书的研究显示，关系状态对经销商的订货意愿、订货频率和订货批量都有显著的影响。关系状态越倾向于熟人，经销商表现出的订购意愿越强且表现出更高的订货频率。这一结论支持了 Wathne 等（2001）以及 Bendapudi 和 Berry（1997）的研究结论。这说明，厂商关系状态的紧密程度，不但反映出双方合作关系的发展方向和趋势，还能促进双方合作行为的经济性交易的持续进行。不过，关系状态越倾向于生人，经销商的订货批量越强。这一研究结论看似矛盾，但其实跟黄崇铭（2010）的研究结论是一致的，他的研究指出，家人型关系对应"需求法则"、熟人型关系对应"人情法则"、生人型关系对应"公平法则"；家人型关系与"需求法则"的匹配增进双方的亲密呈现程度，表现出更积极的合作意愿和行为，并带来高的长期销售绩效。熟人型关系与"人情法则"的匹配增进双方之间的恩惠呈现程度，并带来较高的长期销售绩效与短期销售绩效。生人型关系与"公平法则"的匹配增进双方之间的信用呈现程度，并带来高的短期销售绩效。这样看来，厂商关系越倾向于生人型关系，则越显示出经济合作中的"公平法则"，并带来高的短期销售绩效。本书研究结论，进一步支持了 Morgan 和 Hunt（1994）的研究结果，在 B2B 经营环境中，厂商与客户间的长期合作关系是一个重要的考虑因素。基于社会交换理论，厂商与客户间的合作能够影响到厂商和客户间的长期合作关系。而 Kalwani 和 Narayandas（1995）的研究表明，厂商的定价机制和行为，在塑造社会交换关系中，起到了重要的作用。根据前述文献研究的回顾，结合本书研究结论，本书更进一步提出，长期合作关系在中国情境下的 B2B 营销研究中有其更加独特和重要的价值。

（4）双驱动营销策略下的经销商订货模式。在经销商订货批量模型中，笔者发现，奖励型促销策略能够驱动经销商增加单次订货数量，而威胁型促销却会驱动经销商减少单次订货数量，且促销强度越大，变化的幅度越明显；在经销商订货批次模型中，研究结果显示，相对于威胁型促销，奖励型促销策略在决定订货的经销商中，对订货批次的影响是负向的，即奖励型促销相对于威胁型促销状态，经销商倾向于较少的订货批次，且促销强度越大，变化的幅度越大。从价格驱动策略对经销商订货行为的以上分析，本书认为，这暗示经销商在不同的促销策略下，会采取不同订货行为，从而会驱动形成两种不同的订货行为模式；在奖励型促销策略期间，经销商倾向于大批量少批次进货方式；而在威胁型促销期间，经销商倾向于小批量多批次进货方式。同样地，在关系驱动营销策略影响经销商订货批量的模型中显示，关系状态越倾向于生人型，经销商的订货批量越大，这与其对经销商订货批次的影响存在明显的差异性；在经销商订货批次模型分析中，关系状态对于进货次数的影响，体现出显著的负相关关系，即关系越倾向于生人型，在促销期间的进货次数越少，这就意味着与厂商关系表现为生人型关系的经销商倾向于大批量少批次的进货行为模式，而双方处于家人型状态的经销商则倾向于小批量多批次进货行为模式。因此，通过订货批量模型和订货批次模型的对比分析，发现经销商存在两种可能的订货策略：大批量少批次的批量订货模式和小批量多批次的频繁订货模式，前者主要体现在奖励型促销期间和生人型关系状态经销商中，后者主要体现在威胁型促销期间和家人型关系状态经销商中。在之后的价格促销驱动策略和关系驱动策略的交互效应分析中，本书研究发现，厂商处于家人型关系相对于生人型关系状态，对于促销驱动策略的响应更低。无论是奖励型促销还是威胁型促销，家人型关系经销商对订货量的调整要小于生人型关系经销商。这一研究发现，对于厂商实施双驱动营销策略具有很大的启示，正如 Cui 等（2008）在针对零售商和制造商应用价格促销策略问题的研究中指出的，在由一个单一的制造商和多个零售商构成的渠道环境下，如果零售商之间存在着存货持有成本差异，制造商可以通过价格促销来产生价格歧视，这个价格歧视是有效的；经销商的存货持有成本较低时，可以在价格促销策略的影响下获得利益，而某些存货持有成本较高的经销商，也可以从其他方面获得其利润。

（5）双驱动营销策略对厂商长期销售绩效的影响。本书的研究显示，双驱动营销策略中的关系状态、价格促销和返利水平，都对经销商的总进货额存在显著影响。其中关系状态得分对总进货额的影响，为显著的负效应，表示关系越亲近，经销商的总进货额越大，则厂商的长期销售绩效越好，支持了关系状态对销售绩效的正向影响这一结论。Blattberg 和 Neslin（1990）在研究中也指出"特别是对于一些被频繁重复购买的产品，暂时性的价格折扣会在短时期内大量增加品牌产品的销售量"的结论，他们还指出"其总销量中的50%以上是源自价格促销"。本书研究还得出，价格促销对于厂商的销售绩效存在正向影响，从回归结果来看，折扣促销次数对于总进货额的影响为边际显著的正效应。这一结果支持了价格促销对厂商的长期销售绩效存在正向影响的假设。返利型促销对于厂商的销售绩效同样具有促进作用，其对于总进货额的影响为显著的正效应。这一结论支持了 Ailawadi 和 Neslin（1998）的研究，他们指出，促销不仅对短期销售具有加速作用，在长期同样具备这样的影响。也验证了 Ailawadi 等（2007）的研究发现，虽然囤货行为触发了提前购买，将未来销售量转移到当前，但仍可以对未来的销售造成正面的影响。同时，研究显示，根据标准化的回归系数，单位水平的返利强度增长对经销商总订货额的正效应小于增加单位水平的价格促销次数带来的影响。这表明从整体上看，返利水平对经销商总订货额的影响要弱于价格折扣促销。该结论同样支持本研究对返利型促销和价格折扣型促销效应大小的假设。进一步地看，研究结果表明，关系状态对经销商总订货额的影响要强于价格折扣，这跟国外学者 Woo 和 Ennew（2004）和国内学者沙颖等（2015）等的研究都验证了好的关系质量（关系状态）在促进企业获得更好绩效方面的积极作用的结论是一致的。

第二节　创新点与学术贡献

虽然有关价格促销和关系营销的国内外研究非常广泛，但大部分集中在消费者市场领域,根据 LaPlaca 和 Katrichis（2009）的统计,在营销领域的顶尖期刊上发表的关于 B2B 市场的研究仅占整体研究数量的 3.4%。本书不但着眼 B2B 市场研究领域,还从经销商价格促销的视角和中国市场情境下独特的关系营销视角切入,从一个新的角度对经销商订货行为模式进行分解,进一步构建了经销商订货双驱动模型,并以类达尔文"选择"的解释性范式进行了分析。回顾本书的文献述评、研究框架、模型构建以及实证结果,笔者总结认为,主要有以下几个方面的创新之处和学术贡献：

（1）本书构建了基于双驱动营销策略的经销商订货模型,并以类达尔文"选择"的解释性范式进行了分析。从长期策略和短期策略的整体视角,在社会交换理论框架下,引入关系策略和促销策略,在总结国内外有关价格促销策略和关系营销研究文献的基础上,以中国新型建材工业企业为背景,从对经销商实施营销策略的 B2B 视角出发,构建了"双驱动营销策略下的经销商订货模型",并通过概念模型构建和数据的实证检验,验证了针对经销商的双驱动营销策略的有效性,揭示了短期驱动的价格促销和长期驱动的关系这两个营销策略是怎样影响经销商的订货意愿、订货频率和订货批量等订货行为,进而又是表现出什么样的订货模式,又进一步研究并比较了关系驱动策略和促销驱动策略对厂商长期销售绩效影响的差异。研究发现的"促销强度对促销策略的调节效应"这一结论,给予 DelVecchio 等（2006）研究以有力的理论和实证支持。同时,也验证了 Hardesty 和 Bearden（2003）对促销强度（促销利益水平）的研究结论。研究还发现,返利完成与否在威胁型价格策略和返利比例影响经销商订货批量中都有显著的交互效应。作为有效的价格激励方式,返利策略将明显影响到经销商的订货行为。

（2）本书从营销实践提升出对经销商订货行为分析进行"订货批次"和"订货批量"的分析,并进行了理论和实证研究。本书结合对 37 位厂商营销经理和 92 位经销商单位负责人的深度访谈,对经销商订货行为进行了"订货次数（订货批次）"和"单次订货量（订货批量）"这样的分解,给制造厂商有效分析价格促销策略的有效性,进一步利用经销商决策的"有限理性",引导实现不同的促销目的,提供了有价值的理论和实证参考。

（3）本书提出并验证了双驱动营销策略下经销商表现出订货行为差异所显

示出的不同订货行为模式。本书研究显示,在奖励型促销期间,经销商倾向于采用大批量少批次的进货方式;而在威胁型促销期间,经销商倾向于采用小批量多批次进货方式。同样地,研究结果还显示,与厂商关系越倾向于生人型关系的经销商越倾向于大批量少批次进货方式,而越倾向于家人型关系状态的经销商则倾向于小批量多批次进货方式。这一研究发现,对于厂商有效把握经销商行为模式反应、精准实施双驱动营销策略具有很大的启示。

第三节 营销实践建议

本书从营销实践和文献回顾方面对实业者的疑问和学术界的争论都给予了一定的理论探讨和实证检验,其研究价值不但体现在理论贡献方面,更重要的是,还将应用到指导企业营销实践当中,给各企业管理者在营销实践中运用双驱动营销策略激活经销商以诸多重要启示和运作建议。

一、经济型驱动策略运用需"量体裁衣"

本书的研究显示,面对各不相同的价格促销策略,经销商表现出的订货行为各不相同,所形成的订货模式也存在差异,并对不同的促销策略进行了具体分析研究,这就为企业营销管理者在价格策略实际运用方面提供了更加有效和具体的参考,帮助企业管理者根据经销商的实际状况采用有效性更高的营销策略。与此同时,B2B营销策略中这种特殊的形式——"返利策略"所产生的显著的正向影响也得到了本书研究的实证支持,不但有力支持了以往很多国内外学者的观点,更给企业营销管理者在营销实践中应用返利策略提供了理论和实证参考,针对经销商将尽可能多地让他们享受返利策略对经销商订货、推广积极性提高和企业销售绩效的提升效果都非常明显。不过,笔者也看到,返利比例不同,是因为双方商定的返利任务量不同,对经销商订货批量的影响也有所不同,这一点也对企业营销管理者具体实施返利策略有非常具体的启示,也就是厂商间如何确定合理有效的返利任务量及返利比例关系重大。

关于返利促销策略的运用,厂商应当注意:

（1）厂商以返利政策或其他约定协议的方式给经销商一定金额的确定的"预期收益"十分有利于激励经销商推广和销售的积极性，对厂商来讲，是以利益共享和利润分成的特殊形式"捆绑"了经销商跟厂商之间的共同利益和"家人"关系，对厂商维护经销体系和扩大产品销售的积极作用毋庸置疑。

（2）厂商在制定返利策略的时候一定要根据不同地区、不同经销商的实际情况"量体裁衣"，确保返利策略起到最大激励效用。尤其在设计返利任务量和返利比例的时候，必须根据经销商的历史销售数据，结合经销商的经营实际和市场增量进行。一方面，用好所设定的返利任务量，作为激励经销商销售厂商产品的基本目标，驱动经销商努力推广；另一方面，所设定的任务量不能太大，必须确保经销商在努力推广销售的前提下可提前一定的时间完成返利任务量，这样又可以利用完成返利任务量之后已获得的"确定收益"，结合适当的促销策略，驱动经销商进一步提高推广销售的积极性。

二、经销商面对双驱动营销策略会"适应性选择"

本书引入价格促销和关系两种营销驱动策略，不仅仅就其对经销商具体的订货行为和厂商销售绩效的影响进行了理论和实证研究，更运用类达尔文"选择"理论指出了厂商关系这种深层次的运作关系的本质内涵。传统来讲，往往简单将厂商策略对经销商行为的影响解释为一种 A 对 B 的因果关系，而根据类达尔文"选择"理论，当经销商面对厂商营销策略的时候，其表现出的不同订货行为及订货模式，是双方关系持续发展的相互"适应性选择"。只要双方能理解其背后的关系本质，依据这些关系规范来"适应性"调整各自行为，那么双方关系将能得到更好的发展。这是本研究带给营销实践者和学术研究同行们一个新的且非常重要的启示。

第一，本书验证了类达尔文理论体系在双驱动营销策略激活经销商行为中的适用性，这适用于企业对企业（B2B）和企业对消费者（B2C）中的任何一种市场营销关系，包括在供应链中的所有关系、供应商与客户之间的关系以及销售代表与客户之间的关系。类达尔文"选择"理论给厂商的重要启示包括：①已建立的关系被视为一个选择过程中的生存者，其参数是合作伙伴的行为（单边行动或双边协同）、合作伙伴之间的依存关系以及市场中的外部困境。"选择"拥有拣选淘汰这些参数之间的某些组合的作用，选择淘汰的作用就是开拓出种种模式，其表现形式就是各种参数之间的联系组合，比如，单方控制与相互依存的组合。传统上来说，这些联系通常被理解为一个参数对另一个参数的因果作用。而Eyuboglu和Buja（2007）的研究表明，类达尔文"选择"理论可能在解释这些联系的过程中显得更为准确。②类达尔文选择范式的指导原则可被总结为一句格言："选择创造关联。"③可以用两句话来表示类达尔文选择范式的作用模式：一是除去某些关系；二是除去某些行为。该文献发展了类达尔文体系的普遍性，但他更着重于强调企业对企业（B2B）之间关系的应用。当各种关系参数的联系组合被拣选淘汰后，其过程就可以被理解为一种"适应性改变"，而它们的描述性意义有着规范性的含义；如果某项营销关系中的合作者能根据这些联系来规范他们的各种行为，那么一般来讲，他们都能提高彼此关系存活的寿命。

第二，本书之所以要对基于双驱动营销策略的经销商订货行为，在不同类型的营销策略下，进行"订货批次"和"订货批量"的行为分解分析，主要是因为，这样才能够真正为企业营销策略的实施提供具体营销情境下的具体理论参考和实践建议。本书认为，不管何种类型的促销策略的实施，从厂商视角来讲，从每次促销目的来看，之所以采取不同类型的促销策略是寄期望于利用经销商决策的"有限理性"和厂商关系中这种相互的"适应性改变"，引导经销商行为模式的变化，从而实现企业不同的营销目的。在如下三个营销情境中，厂商采取诸如奖励型促销的价格策略是否更易于达到营销目的？并且，针对享受到返利政策，尤其是返利任务量已经完成的经销商，还有，针对跟厂商处于"生人"型关系的经销商，实施效果是否会更加明显？

（1）由于产品的销售是有淡旺季的，厂商在不同时间段内的生产量也并非绝对稳定，在某些时候，当厂家由于某种原因导致产品库存较大的时候，这种超过合理库存量的情境无论从对厂商资金的占压还是产品合理流通的角度，对企业来讲都希望采用合适的阶段性促销策略让经销商增加订货批量，以达到迅速降低库存的目的。

（2）由于B2B贸易市场中，通常来讲，单个经销商所经销的同类型产品一般都是几个厂家的，每个厂家都希望能采取有效的促销策略，压制对手厂家产品的销售，从而逐步让自己的产品成为经销商的经营重点。一般来讲，实际当中，每个经销商的库存容量、仓储能力和周转资金额度都是一定的。由于竞争需要，厂商希望通过特定的促销策略让经销商增加订货批量，以达到迅速挤压竞争对手厂家产品在该经销商处的库存量，进而占压经销商的仓储和资金，从而达到暂时挤压竞争对手的目的。

（3）由于经销商经销多个厂家产品的特点，厂商都希望让其努力推广自己的产品，通过促销策略的激励，让经销商增加订货批量，根据展望理论和"禀赋效应"原理，让经销商感觉到"卖不掉就会得到预期损失"，从而更加努力地推广这个厂家的产品，达到逐步提高市场占有率的目的。

本书列举的以上三个营销情境，对于这些营销情境中厂商到底该采取什么样的短期营销策略，一直没有理论和实证的研究支持，却是企业营销实践中非常普遍又困扰营销管理者们的实际问题。而综合分析不难看出，在这三种营销情境中，为了达到企业的营销目的，厂商都希望能利用促销策略驱动经销商短期内增加每次订货的数量。那么，根据本书的研究结论，在两种价格促销策略中，相对于威胁型促销，奖励型价格促销策略下经销商会表现出更高的单次订货量，因此，在这些情况下，短期内采用奖励型促销策略，无疑会更易于实现企业的营销目的。并且，本书还证实了，享受到返利策略，对经销商的订货批量有显著正向影响；享受返利策略的经销商，在返利任务完成后，其订货批量明显提高；厂商关系状态越倾向于生人型关系，经销商面对促销时的订货批量越强。所以，在以上三种营销情境中，针对享受到返利政策，尤其是约定期限内的返利任务量已经完成的经销商，还有针对跟厂商处于"生人"型关系的经销商，实施奖励型促销策略其效果也无疑是更加明显的。

第三，本书还提出，在如下两个营销情境中，厂商转而采取诸如威胁型促销策略的价格策略是否更易于达到营销目的？并且，针对享受到返利政策，又跟厂商处于"家人"型关系的经销商，实施效果是否会更加明显？

（1）在厂商推出的一款新产品在试销和推广阶段，经销商单次订货数量不要太多是厂商希望的，都期望经销商尽可能地频繁订货，增加订货批次，这样也更能实现产品试销的目的，利于厂家及时根据试销情况对产品的宣传、性能、策略及经销商政策等方面进行跟好的改进，就更利于实现新产品的推广。因为这样对新产品的试销和推广都更加有利。不过，在新产品推广的初级阶段，经销商的初次进货和实现正常的库存铺货至关重要，但是，往往经销商对于新产品的进货是比较慎重的，因为，他们担心新产品不好销售从而带来占压资金、占压库存等损失。在这个时候，厂商就可以运用奖励型价格促销策略，让经销商尽可能先来决定订货，从另外的角度来看，一旦经销商对厂商的某新产品实现了第一次订货，根据"禀赋效应"原理，该新产品已经从厂家确定转移到了经销商，经销商对于"自己手里"的东西就会更加重视，从而对产品的推广销售具有更高的积极性和主动性，因而，在新产品推广的第一阶段厂商可以实施奖励型价格策略，但随着经销商实现订货和库存的正常，威胁型价格策略却显示出了更好的效果。

(2) 从很多制造厂商的角度来说，货款回收是非常重要的一项内容，是保证企业正常经营的重要保证。厂商希望经销商更快更及时的付款，而由于厂商跟经销商的合作是长期持续的，双方的货款结算一般是按照固定日期来执行的，在某些情况下，企业为了让经销商付款更容易，就会采取一定的价格促销策略，通过调节经销商订货决策的"非理性状态"，来实现货款回收更加迅速和容易。根据"心理账户"理论，通常经销商在一定时期内订购货物总量是一定的，这样，通过价格策略提高其订货频率，反过来降低单次订货的数量，就能起到减少经销商的资金占压和付款压力的目的，让经销商更容易付款，从而降低了厂家的回款周期，让企业运营更加健康顺畅。

在以上这两种营销情境中，为了达到企业的营销目的，厂商都希望能利用促销策略驱动经销商更加频繁地订货和相对地降低单次订货数量，在新产品推广的营销情境中，厂商期望经销商尽可能地频繁订货，增加订货批次，这样也更能实现产品试销的目的，根据本书实证结果，相对于奖励型促销来说，在威胁型促销策略下经销商的订货频率会更高。因而，威胁型策略的效果就会比较好。不过，在新产品推广的最初阶段，厂商还必须通过价格策略驱动经销商更容易决定订货，从而实现经销商对新产品订货"零"的突破。那么，根据本书的研究结论，在两种价格促销策略中，厂商采取奖励型促销策略，相比威胁型促销策略，经销商表现出更强的决定订货意愿。因此，在这些情况下，短期内先采用奖励型促销策略，才能达到企业的营销目的。在企业实现货款回收更加快速顺畅的营销情境中，经销商单次订货数量的减少和订货频率的提高则更加有利，这样，企业根据自身实际情况和厂商合作的实际，便可以在需要的时候采取威胁型促销策略进行调节。并且，本书的研究结论还显示，关系状态越倾向于家人型关系，经销商表现出越高的订货频率，这样来看，针对跟厂商处于"家人"型关系的经销商实施，效果也无疑会更加明显。

三、双驱动营销策略需"组合应用"

根据笔者多年企业营销管理的经历和对厂商经销商的长时间深度访谈，与本书的研究结论相结合，本书对制造商企业在营销策略驱动经销商行为的应用方面提出如下几个方面的建议：

（1）充分重视各种类型价格促销策略，针对经销商订货行为模式的差异，有效发挥其短期驱动激励效应。尽管作为一种营销激励策略，价格促销策略是极为有效的，在企业的营销实践中被广泛应用，不过，仍然要与企业自身实际相结合，根据产品生产，供应和库存等实际状况，采取相应的策略确定每一次促销的目的。比如，企业在对某种新产品进行推广时，为实现广泛铺货面的目标，希望越来越多的客户下单，可应用奖励型促销策略，由于此类经销商对决定订购具有一定的倾向性；而在某个时期内，企业的经销商铺货量已经足够多了，为使企业订单量增加，希望客户频繁下单的时候，可应用威胁型促销模式。而且，伴随企业营销目标意愿强度的加大，为使促销效果进一步加强，为使激励作用更强，企业还可以对促销强度进行调整。由返利策略的研究结果可知，客户订购频繁倾向性大，客户决定订购时，返利策略的影响都是正向而且显著的，在营销管理过程中，提示企业管理者针对不同地区和实力的客户，尽最大努力对返利策略进行合理的设定，进一步拓宽客户享受返利策略的范围。

（2）有效把握促销强度、返利设计等驱动因素。要对实施价格促销的频次和时机有效把控，过多过于频繁的促销将会给经销商带来经销依赖，严重影响产品品牌价值和定位，另外，企业达不到促销目的，将白白损失掉利润。在明确企业的促销策略时，要充分考虑经销商各种不同的实际情况。比如，在不同因素包括产品需求和经济发展水平的影响下，不同地区的经销商具有不同的销售速度、不同的仓储能力、不同的库存持有成本，在订货习惯上也各不相同。针对这种实际情况，无法采取同一种促销策略，不能对全部地区的全部经销商"一刀切"。如果对经销商实际情况没有进行针对性分析，对促销策略随意地推出，促销效果将会很不理想，根本达不到厂商渠道促销的目标，或者损失利润，或者损失份额。

（3）重视关系营销策略，对厂商关系实现"长期驱动"和合作共赢。企业实施价格策略过程中，应当与经销商进行多方面交流和沟通，把经销商当"自己人"对待，得到的建议都可供参考，在实施促销策略过程中，从双方互利共赢的层面上达到更理想的效果。根据经销商的价格策略，企业可有效结合消费者价格策略，进行互相搭配和统筹策划，既能推动经销商销售，又能推动经销商进货，只有采取这种方式才能达到事半功倍的效果。企业可实现扩大销售的和提升经销商利润的目标。另外，针对经销商产品订购、推广配合及产品售后的全面跟踪服务，对经销商诉求的快速满意处理等都是提高经销商忠诚度，有效实施关系营销策略的重要方面。

（4）长远谋划，注重和实现促销策略和关系策略的"双驱动"效用。本书认为，不管是促销驱动的营销策略还是关系驱动的营销策略，作为B2B营销关系种短期激励和长期驱动的有效工具，都不可或缺，必须有效结合。中国文化不同于西方文化。西方国家在商业关系中，对双方对等原则更加重视，我国对某一方在整个关系网络中的位置和针对不同位置所采取的不同态度和行为重点强调。作为社会活动重要组成部分的企业营销渠道管理，根植于中国文化，具有中国特色。不管是企业跟经销商的关系，还是企业边际人员跟经销商的跨组织私人关系，对于双方合作都有非常重要的影响。作为渠道关系管理的重要组成部分，经销商是企业整个渠道生态系统的重要一员，双方关系至关重要，要求企业必须重视。一旦企业跟经销商之间建立起了亲密稳固的合作关系，经销商对企业的忠诚度就会逐步提高，就会让经销商的订购决策的发展方向更加利于双方合作。在价格促销短期策略的实施过程中，不仅要根据实际情况动态设计相应的策略方式，更要注意关系营销这个长期策略的结合运用，只有这样，才能真正体现对厂商合作关系的"双驱动"，既达到短期刺激订货、增加销售的目的，又能从长远角度提高厂商绩效、提升双方合作水平，实现厂商的长期合作共赢。

四、双驱动营销激活经销商务必"以商为本"

本书的研究显示，双驱动营销策略作为激活经销商行为和提升厂商绩效的重要策略，要以经销商视角关注其核心需求，要真正做到"以商为本"。就厂商如何有效运用双驱动营销策略，持续提高厂商长期销售绩效，还提出如下实际操作建议：

（1）制造厂商必须要充分研究和理解其各地区不同经销商的各种实际需求。随着经销商多年来的利润积累，经销商实力不断增强，已不再是单纯只重视利润，经销商单位追求的不再仅限于短期利润的增加，"合作经营""人本经营""关系经营"已经成为贸易公司的一种新追求。厂商必须有效把握各种非物质的非经济的需求，通过关系营销策略拉近厂商与经销商之间的心理距离。

（2）作为跟经销商实际业务往来实际合作者的厂商驻各地区的销售经理，要牢固树立关系营销思维和"厂商一家亲"的观念，在实际工作中，围绕着增进跟经销商的关系，做好"节日营销""礼品营销""客情营销"等关系营销。

（3）厂商要培养企业管理者和销售业务管理者界定经销商价值和明晰经销商类别的能力。这是企业进行经销商管理和服务的前提。只有具备分析判断经销商真实情况的能力，才能针对重点经销商采取相应的行动，从而把企业有限的资源和政策集中投入到特定的目标经销商，从而达到企业预期的营销目的，实现"事半功倍"。

（4）针对不同的经销商采取与之相适应的价格促销策略或关系营销策略，真正建立起经销商的忠诚度，构建"厂商一家亲"的合作关系。要做好这项工作，厂商必须真正了解经销商面对每种策略时所采取行为决策的真实动机和想法，根据经销商的行为动机作进一步的规划和分类。

（5）要建立健全"忠诚经销商体系"建设规划，实施"经销商忠诚计划"方案。建立一整套对经销商执行评价、衡量、考核、奖励、培训和提升等的标准体系，以便厂商能够掌握经销商的各种变化，提高厂商的应变能力，根据经销商的实际情况制定相应的策略方案，并随时作出调整。

基于本书的相关结论和启示建议，企业经营管理者尤其是企业营销决策者和管理者只要善于总结分析，在中国经济发展和结构转型的特殊时期，真正理解中国文化和中国市场极具特殊性的商业关系规则，有效运用关系策略和促销策略，发挥策略的驱动效用，一定能够在稳定经销商体系、开拓推广市场和激励产品销售等方面取得越来越大的成效和进步。

第四节 研究局限与未来展望

在营销研究中,相较于消费者市场来说,B2B 市场目前还是一个研究不充分的领域,因而,值得营销学者们重视并进一步深入研究。而本书基于经销商视角的价格促销和关系的双驱动营销策略研究更是一项十分重要的崭新课题。鉴于各方面限制,本书仍然存在很多问题,有不少问题需要深入研究和分析,将来还需要做更多的工作。

第一,在本书的研究中,数据来源主要是我国新型建材工业,不过针对不同的行业,其价格策略、客户行为特征和特点、市场特征等方面的差异性较大,所以,针对是否适用其他行业的问题,还需要深入验证各个行业的抽样数据。

第二,本书理论模型的抽样数据不单单局限于新型建材行业,还可以进行区域扩展更大的研究。

第三,尽管本书验证了双驱动营销策略对客户订购和长期销售绩效的影响,但毕竟数据来源于 B2B 行业,组织间关系成员有其长期合作的独特性,研究结论的扩展性需要进一步研究来验证。

第四,价格策略和 B2B 营销关系,以及关系营销的研究是今后营销学研究的一个重要课题。

第五,对经销商驱动策略的研究,不仅要关注制造厂商自身的策略,还应针对竞争对手采取的驱动策略进行分析,未来可以从多角度博弈的动态视角展开。

第六,由于不同的人受其性格特点、个人特质等诸多方面影响,当面对同样的营销策略的时候其反应也会是不同的,因此,厂商边际人员的性格、个人特质等方面在 B2B 关系中的影响作用作为一个重要因素也是未来研究的一个关注重点。

第七,对于本书提到的类达尔文"选择"理论的营销关系解释范式,虽然在分析中尝试进行了运用,但是自从 Eyuboglu 和 Buja(2007)在 *Journal of Marketing* 的 *Quasi-Darwinian Selection in Marketing Relationships* 这篇文章中提出该理论之后,一直未检索到相关的实证研究文献,不过,这一解释性范式确实给营销关系尤其是 B2B 营销关系的研究分析提供一个新的有益的视角,这也是未来研究的一个新课题。

本书的研究只是笔者在有限的时间、经历和有限的知识、数据基础上进行的,营销学的研究"来自实践、回到实践"非常重要,这就要求从事学术研究的学者们多从企业营销实践当中去提炼观点、提炼理论,真正起到"理论联系实际、理论指导实践"的作用。

参考文献

[1] Abdul-Muhmin A G. Instrumental and Interpersonal Determinants of Relationship Satisfaction and Commitment in Industrial Markets [J]. Journal of Business Research, 2005, 58 (5): 619-628.

[2] Ailawadi K L, Gedenk K, Lutzky C, Neslin S A. Decomposition of the Sales Impact of Promotion-Induced Stockpiling [J]. Journal of Marketing Research, 2007, 44 (3): 450-467.

[3] Ailawadi K L, Harlam B A, César J, Trounce D P. Promotion Profitability for a Retailer: The Role of Promotion, Brand, Category, and Store Characteristics [J]. Journal of Marketing Research, 2006, 43 (4): 518-535.

[4] Ailawadi K L, Lehmann D R, Neslin S A. Market Response to a Major Policy Change in the Marketing Mix: Learning from Procter & Gamble's Value Pricing Strategy [J]. Journal of Marketing, 2001, 65 (1): 44-61.

[5] Ailawadi K L, Neslin S A. The Effect of Promotion on Consumption: Buying More and Consuming it Faster [J]. Journal of Marketing Research, 1998, 35 (8): 390-398.

[6] Ailawadi K L. The Retail Power-Performance Conundrum: What Have We Learned? [J]. Journal of Retailing, 2001, 77 (3): 299-318.

[7] Ailawadi K, Farris P, Shames E. Trade Promotion: Essential to Selling through Resellers [J]. MIT Sloan Management Review, 1999, 41 (1): 83-92.

[8] Alajoutsijärvi K, Möller K, Tähtinen J. Beautiful Exit: How to Leave Your Business Partner [J]. European Journal of Marketing, 2000, 34 (11/12): 1270-

1290.

[9] Alchian A A. Uncertainty, Evolution, and Economic Theory [J]. Journal of Political Economy, 1950, 58 (3): 211-221.

[10] Aldrich H E, Pfeffer J. Environments and Organizations [J]. Annual Review of Sociology, 1976 (2): 79-105.

[11] Aldrich H E, Ruef M. Organizations Evolving (2nd ed) [M]. Thousand Oaks: Sage Publications, 2006.

[12] Aldrich H E. Organizations and Environments [M]. Englewood Cliffs: Prentice Hall, 1979.

[13] Alford B L, Engelland B T. Advertised Reference Price Effects on Consumer Price Estimates, Value Perception, and Search Intention [J]. Journal of Business Research, 2000, 48 (2): 93-100.

[14] Alnazer M. The Moderating Role of Promotional Benefit Level and Brand Awareness on the Effectiveness of Price Discount and Premium [J]. Advances in Management, 2013, 6 (12): 40-47.

[15] Anderson E, Lodish L M, Weitz B A. Resource Allocation Behavior in Conventional Channels [J]. Journal of Marketing Research, 1987, 24 (1): 85-97.

[16] Anderson J C. Relationships in Business Markets: Exchange Episodes, Value Creation, and their Empirical Assessment [J]. Journal of the Academy of Marketing Science, 1995, 23 (4): 346-350.

[17] Andersén J, Kask J. Asymmetrically Realized Absorptive Capacity and Relationship Durability [J]. Management Decision, 2012, 50 (1): 43-57.

[18] Arkes H R, Blumer C. The Psychology of Sunk Cost [J]. Organizational Behavior and Human Decision Processes, 1985, 35 (1): 124-140.

[19] Arkes H R, Hirshleifer D, Jiang D, Lim S. Reference Point Adaptation: Tests in the Domain of Security Trading [J]. Organizational Behavior and Human Decision Processes, 2008, 105 (1): 67-81.

[20] Assunção J L, Meyer R J. The Rational Effect of Price Promotions on Sales and Consumption [J]. Management Science, 1993, 39 (5): 517-535.

[21] Avlonitis G J, Gounaris S P. Marketing Orientation and Company Performance: Industrial vs. Consumer Goods Companies [J]. Industrial Marketing Management, 1997, 26 (5): 385-402.

[22] Bagozzi R P. Marketing as Exchange [J]. Journal of Marketing, 1975, 39 (4): 32-39.

[23] Bao G, Shi J. A Review of Researches on Guanxi in the Chinese Cultural Context [J]. Psychological Science, 2008, 31 (4): 1018-1017.

[24] Barker A T. Benchmarks of Successful Salesforce Performance [J]. Canadian Journal of Administrative Sciences, 1999, 16 (2): 95-104.

[25] Barnes B R, Yen D, Zhou L. Investigating Guanxi Dimensions and Relationship Outcomes: Insights from Sino–Anglo Business Relationships [J]. Industrial Marketing Management, 2011, 40 (4): 510-521.

[26] Bates R A, Holton E F. Computerized Performance Monitoring: A Review of Human Resource Issues [J]. Human Resource Management Review, 1995, 5 (4): 267-288.

[27] Bauer R A. Consumer Behavior as Risk Taking [C] //Hancock R S. Dynamic Marketing for a Changing World, Proceedings of the 43rd. Conference of the American Marketing Association, 1960: 389-398.

[28] Bearden W O, Lichtenstein D R, Teel J E. Comparison Price, Coupon, and Brand Effects on Consumer Reactions to Retail Newspaper Advertisements [J]. Journal of Retailing, 1984 (60): 11-34.

[29] Bedford O. Guanxi-Building in the Workplace: A Dynamic Process Model of Working and Backdoor Guanxi [J]. Journal of Business Ethics, 2011, 104 (1): 149-158.

[30] Bell D R, Bucklin R E. The Role of Internal Reference Points in the Category Purchase Decision [J]. Journal of Consumer Research, 1999, 26 (2): 128-143.

[31] Bell D R, Iyer G, Padmanabhan V. Price Competition under Stockpiling and Flexible Consumption [J]. Journal of Marketing Research, 2002, 39 (3): 292-

303.

[32] Bem D J. An Experimental Analysis of Self-persuasion [J]. Journal of Experimental Social Psychology, 1965, 1 (3): 199-218.

[33] Bendapudi N, Berry L L. Customers' Motivations for Maintaining Relationships with Service Providers [J]. Journal of Retailing, 1997, 73 (1): 15-37.

[34] Bentler P M. Alpha, Dimension-Free, and Model-Based Internal Consistency Reliability [J]. Psychometrika, 2009, 74 (1): 137-143.

[35] Berry L L. Relationship Marketing [M] //Berry L L, Shostack G L, Upah G D. Emerging Perspectives of Services Marketing. Chicago: American Marketing Association, 1983: 25-38.

[36] Bhagat S, Black B, Blair M. Relational Investing and Firm Performance [J]. Journal of Financial Research, 2004, 27 (1): 1-30.

[37] Blattberg R C, Neslin S A. Handbooks in Operations Research & Management Science [M]. 1990.

[38] Blau P M. A Theory of Social Integration [J]. American Journal of Sociology, 1960, 65 (6): 545-556.

[39] Blau P M. Exchange and Power in Social Life [M]. New York: John Wiley & Sons, 1964.

[40] Bonini N, Rumiati R. Acceptance of a Price Discount: The Role of the Semantic Relatedness between Purchases and the Comparative Price Format [J]. Journal of Behavioral Decision Making, 2002, 15 (3): 203-220.

[41] Bruno H A, Che H, Dutta S. Role of Reference Price on Price and Quantity: Insights from Business-to-Business Markets [J]. Journal of Marketing Research, 2012, 49 (5): 640-654.

[42] Buil I, De Chernatony L, Martínez E. Examining the Role of Advertising and Sales Promotions in Brand Equity Creation [J]. Journal of Business Research, 2013, 66 (1): 115-122.

[43] Busalim A, Fox G, Lynn T. Consumer Behavior in Sustainable Fashion: A Systematic Literature Review and Future Research Agenda [J]. International Journal of

Consumer Studies, 2022, 46 (5): 1804-1828.

[44] Büyükdağ N, Soysal A N, Kitapci O. The Effect of Specific Discount Pattern in Terms of Price Promotions on Perceived Price Attractiveness and Purchase Intention: An Experimental Research [J]. Journal of Retailing and Consumer Services, 2020 (55): 102-112.

[45] Cameron C A, Trivedi P K. Regression Analysis of Count Data [M]. Cambridge: Cambridge University Press, 1998.

[46] Carr A S, Kaynak H, Hartley J L, Ross A. Supplier Dependence: Impact on Supplier's Participation and Performance [J]. International Journal of Operations & Production Management, 2008, 28 (9): 899-916.

[47] Carroll G R, Hannan M T. The Demography of Corporations and Industries [M]. Princeton: Princeton University Press, 2004.

[48] Chakravarti D, Krish R, Paul P, et al. Partitioned Presentation of Multicomponent Bundle Prices: Evaluation, Choice and Underlying Processing Effects [J]. Journal of Consumer Psychology, 2002, 12 (3): 215-229.

[49] Chandrashekaran R, Grewal D. Anchoring Effects of Advertised Reference Price and Sale Price: The Moderating Role of Saving Presentation Format [J]. Journal of Business Research, 2006, 59 (10-11): 1063-1071.

[50] Chang K-C. A Path to Understanding Guanxi in China's Transitional Economy: Variations on Network Behavior [J]. Sociological Theory, 2011, 29 (4): 315-339.

[51] Chatterjee S, Heath T B, Milberg S, et al. The Differential Processing of Price in Gains and Losses: The Effects of Frame and Need for Cognition [J]. Journal of Behavioral Decision Making, 2000, 13 (1): 61-75.

[52] Cheema A, Soman D. Consumer Responses to Unexpected Price Changes: Affective Reactions and Mental Accounting Effects [J]. Advances in Consumer Research, 2002, 29 (1): 342-343.

[53] Chen C C, Chen X-P, Huang S. Chinese Guanxi: An Integrative Review and New Directions for Future Research [J]. Management and Organization Review,

2013, 9 (1): 167-207.

[54] Chen C, Godkin L. Mianzi, Guanxi and Western Prospects in China [J]. International Journal of Management, 2001, 18 (2): 139-147.

[55] Chen C, Li X. The Effect of Online Shopping Festival Promotion Strategies on Consumer Participation Intention [J]. Industrial Management & Data Systems, 2020, 120 (12): 2375-2395.

[56] Chen S-F S, Monroe K B, Lou Y-C. The Effects of Framing Price Promotion Messages on Consumers' Perceptions and Purchase Intentions [J]. Journal of Retailing, 1998, 74 (3): 353-372.

[57] Chen X P, Chen C C. On the Intricacies of the Chinese Guanxi: A Process Model of Guanxi Development [J]. Asia Pacific Journal of Management, 2004 (21): 305-324.

[58] Chen X, Li C-L, Rhee B-D, et al. The Impact of Manufacturer Rebates on Supply Chain Profits [J]. Naval Research Logistics, 2007, 54 (6): 667-680.

[59] Clark J M, Ward S G. Consumer Behavior in Online Auctions: An Examination of Partitioned Prices on eBay [J]. Journal of Marketing Theory and Practice, 2008, 16 (1): 57-66.

[60] Cohen J, Cohen P, West S G, et al. Applied Multiple Regression/Correlation Analysis for the Behavioral Sciences [M]. Hillsdale: Lawrence Erlbaum Associates, 1983.

[61] Coleman V I, Borman W C. Investigating the Underlying Structure of the Citizenship Performance Domain [J]. Human Resource Management Review, 2000, 10 (1): 25-44.

[62] Cropanzano R, Anthony E L, Daniels S R, et al. Social Exchange Theory: A Critical Review with Theoretical Remedies [J]. The Academy of Management Annals, 2017, 11 (1): 479-516.

[63] Cropanzano R, Mitchell M S. Social Exchange Theory: An Interdisciplinary Review [J]. Journal of Management, 2005, 31 (6): 874-900.

[64] Cui B, Chou T. Dealer's Ordering Decision Behavior under Different Price

Strategies: An Analysis Based on the Modern Behavioral Decision Theory [J]. American Journal of Industrial and Business Management, 2016 (6): 535-540.

[65] Cui B, Li Y. Research on Mechanism of Distributors' Frequent Ordering Intention: A Prospect Theory Perspective [J]. Modern Economy, 2015, 6 (11): 1167-1172.

[66] Cui B, Yang K, Chou T. Analyzing the Impact of Price Promotion Strategies on Manufacturer Sales Performance [J]. Journal of Service Science and Management, 2016, 9 (2): 182-187.

[67] Cui T H, Raju J S, Zhang Z J. A Price Discrimination Model of Trade Promotions [J]. Marketing Science, 2008, 27 (5): 779-795.

[68] Davis S, Inman J J, McAlister L. Promotion Has a Negative Effect on Brand Evaluations—Or Does It? Additional Disconfirming Evidence [J]. Journal of Marketing Research, 1992, 29 (1): 143-148.

[69] DelVecchio D, Henard D H, Freling T H. The Effect of Sales Promotion on Post-Promotion Brand Preference: A Meta-Analysis [J]. Journal of Retailing, 2006, 82 (3): 203-213.

[70] DelVecchio D, Krishnan H S, Smith D C. Cents or Percent? The Effects of Promotion Framing on Price Expectations and Choice [J]. Journal of Marketing, 2007, 71 (3): 158-170.

[71] Demirag O C, Baysar O, Keskinocak P, et al. The Effects of Customer Rebates and Retailer Incentives on a Manufacturer's Profits and Sales [J]. Naval Research Logistics, 2010, 57 (1): 88-108.

[72] DeSarbo W S, Degeratu A M, Wedel M, et al. The Spatial Representation of Market Information [J]. Marketing Science, 2001, 20 (4): 426-441.

[73] Dib H, Alnazer M. The Impact of Sales Promotion on Perceived Transaction Value and Purchase Intentions the Moderating Role of Promotional Benefit Level [J]. International Journal of Economy, Management and Social Sciences, 2013, 2 (9): 731-736.

[74] Dodson J A, Tybout A M, Sternthal B. Impact of Deals and Deal Retraction

on Brand Switching [J]. Journal of Marketing Research, 1978, 15 (1): 72-81.

[75] Drèze X, Bell D R. Creating Win-Win Trade Promotions: Theory and Empirical Analysis of Scan-Back Trade Deals [J]. Marketing Science, 2003, 22 (1): 16-39.

[76] Dwyer F R, Schurr P H, Oh S. Developing Buyer-Seller Relationships [J]. Journal of Marketing, 1987, 51 (2): 11-27.

[77] D'Astous A, Jacob I. Understanding Consumer Reactions to Premium-based Promotional Offers [J]. European Journal of Marketing, 2002, 36 (11/12): 1270-1286.

[78] Elmuti D, Kathawala Y. An Overview of Strategic Alliances [J]. Management Decision, 2001, 39 (3): 205-218.

[79] Emerson R M. Power-Dependence Relations [J]. American Sociological Review, 1962, 27 (1): 31-41.

[80] Emerson R M. Social Exchange Theory [J]. Annual Review of Sociology, 1976, 2 (1): 335-362.

[81] Eyuboglu N, Buja A. Quasi-Darwinian Selection in Marketing Relationships [J]. Journal of Marketing, 2007, 71 (4): 48-62.

[82] Farris P W, Ailawadi K L. Retail Power: Monster or Mouse? [J]. Journal of Retailing, 1992, 68 (4): 351-369.

[83] Feinberg F M, Krishna A, Zhang Z J. Do We Care What Others Get? A Behaviorist Approach to Targeted Promotions [J]. Journal of Marketing Research, 2002, 39 (3): 277-291.

[84] Folkes V, Wheat R D. Consumers' Price Perceptions of Promoted Products [J]. Journal of Retailing, 1995, 71 (3): 317-328.

[85] Frazier G L, Spekman R E, O'Neal C R. Just-In-Time Exchange Relationships in Industrial Markets [J]. Journal of Marketing, 1988, 52 (4): 52-67.

[86] Frazier G L. Interorganizational Exchange Behavior in Marketing Channels: A Broadened Perspective [J]. Journal of Marketing, 1983, 47 (4): 68-78.

[87] Friman M, Gärling T, Millett B, et al. An Analysis of International Busi-

ness-to-Business Relationships Based on the Commitment-Trust Theory [J]. Industrial Marketing Management, 2002, 31 (5): 403-409.

[88] Fu P P, Tsui A S, Dess G G. The Dynamics of Guanxi in Chinese Hightech Firms: Implications for Knowledge Management and Decision Making [J]. Management International Review, 2006 (46): 277-305.

[89] Fullerton R A. How Modern Is Modern Marketing? Marketing's Evolution and the Myth of the "Production Era" [J]. Journal of Marketing, 1988, 52 (1): 108-125.

[90] Gabrielsson P, Gabrielsson M, Gabrielsson H. International Advertising Campaigns in Fast-moving Consumer Goods Companies Originating from a SMOPEC Country [J]. International Business Review, 2008, 17 (6): 714-728.

[91] Gao H, Knight J G, Ballantyne D. Guanxi as a Gateway in Chinese-Western Business Relationships [J]. Journal of Business and Industrial Marketing, 2012, 27 (6): 456-467.

[92] Gerstner E, Hess J D. A Theory of Channel Price Promotions [J]. American Economic Review, 1991, 81 (4): 872-886.

[93] Gerstner E, Hess J D. Pull Promotions and Channel Coordination [J]. Marketing Science, 1995, 14 (1): 43-60.

[94] Gilbert D C, Jackaria N. The Efficacy of Sales Promotions in UK Supermarkets: A Consumer View [J]. International Journal of Retail & Distribution Management, 2002, 30 (6): 315-322.

[95] Gilliland D I, Bello D C, Gundlach G T. Control-based Channel Governance and Relative Dependence [J]. Journal of the Academy Marketing Science, 2010 (38): 441-455.

[96] Gourville J T, Soman D. Payment Depreciation: The Behavioral Effects of Temporally Separating Payments from Consumption [J]. Journal of Consumer Research, 1998, 25 (2): 160-174.

[97] Greenwald A G, McGhee D E, Schwartz J L. Measuring Individual Differences in Implicit Cognition: The Implicit Association Test [J]. Journal of Personality

and Social Psychology, 1998, 74 (6): 1464-1480.

[98] Grether D M. Bayes Rule as a Descriptive Model: The Representativeness Heuristic [J]. The Quarterly Journal of Economics, 1980, 95 (3): 537-557.

[99] Grewal R, Dharwadkar R. The Role of the Institutional Environment in Marketing Channels [J]. Journal of Marketing, 2002, 66 (3): 82-97.

[100] Guadagni P M, Little J D C. A Logit Model of Brand Choice Calibrated on Scanner Data [J]. Marketing Science, 1983, 2 (3): 203-238.

[101] Gundlach G T, Achrol R S. Governance in Exchange: Contract Law and Its Alternatives [J] Journal of Public Policy and Marketing, 1993, 12 (2): 141-155.

[102] Gupta S, Cooper L G. The Discounting of Discounts and Promotion Thresholds [J]. Journal of Consumer Research, 1992, 19 (3): 401-411.

[103] Gupta S. Impact of Sales Promotions on When, What, and How Much to Buy [J]. Journal of Marketing Research, 1988, 25 (4): 342-355.

[104] Gómez M I, Rao V R, McLaughlin E W. Empirical Analysis of Budget and Allocation of Trade Promotions in the U.S. Supermarket Industry [J]. Journal of Marketing Research, 2007, 44 (3): 410-424.

[105] Hakkio S, Laaksonen P. Relationship in Marketing Channels Examining Communication Abilities Through Cognitive Structures [J]. Psychology & Marketing, 1998, 15 (3): 215-240.

[106] Handley S M, Benton W C. The Influence of Exchange Hazards and Power on Opportunism in Outsourcing Relationships [J]. Journal of Operations Management, 2012, 30 (1-2): 55-68.

[107] Hannan M T, Freeman J. The Population Ecology of Organizations [J]. American Journal of Sociology, 1977, 82 (5): 929-964.

[108] Hardesty D M, Bearden W O. Consumer Evaluations of Different Promotion Types and Price Presentations: The Moderating Role of Promotional Benefit Level [J]. Journal of Retailing, 2003, 79 (1): 17-25.

[109] Hayunga D K, Pace R K. List Prices in the US Housing Market [J]. The

Journal of Real Estate Finance and Economics, 2017 (55): 155-184.

[110] Heath T B, Chatterjee S, France K R. Mental Accounting and Changes in Price: The Frame Dependence of Reference Dependence [J]. Journal of Consumer Research, 1995, 22 (1): 90-97.

[111] Heide J B, John G. Do Norms Matter in Marketing Relationships? [J]. Journal of Marketing, 1992, 56 (2): 32-44.

[112] Homans G C. Social Behavior as Exchange [J]. American Journal of Sociology, 1958, 63 (6): 597-606.

[113] Homans G C. Social Behavior: Its Elementary Forms [M]. New York: Harcourt, Brace and World, 1961.

[114] Hossain T, Morgan J. Plus Shipping and Handling: Revenue (Non) Equivalence in Field Experiments on eBay [J]. The B. E. Journal in Economic Analysis and Policy, 2006, 6 (2): 1-27.

[115] Houston F S, Gassenheimer J B. Marketing and Exchange [J]. Journal of Marketing, 1987, 51 (4): 3-18.

[116] Houston F S. The Marketing Concept: What it is and What it is Not [J]. Journal of Marketing, 1986, 50 (2): 81-87.

[117] Huff L C, Alden D L. An Investigation of Consumer Response to Sales Promotions in Developing Markets: A Three-Country Analysis [J]. Journal of Advertising Research, 1998, 38 (3): 47-54.

[118] Hunt S D. Marketing Theory: The Philosophy of Marketing Science [M]. Chicago: Richard D. Irwin, 1983.

[119] Hunt S D. The Nature and Scope of Marketing [J]. Journal of Marketing, 1976, 40 (3): 17-28.

[120] Hwang K K. Chinese Relationalism: Theoretical Construction and Methodological Considerations [J]. Journal for the Theory of Social Behaviour, 2000, 30 (2): 155-178.

[121] Jacobson R, Obermiller C. The Formation of Expected Future Price: A Reference Price for Forward-Looking Consumers [J]. The Journal of Consumer

Research, 1990, 16 (4): 420-432.

[122] Jeong M, Oh H. Business-to-Business Social Exchange Relationship Beyond Trust and Commitment [J]. International Journal of Hospitality Management, 2017 (65): 115-124.

[123] Jiang Y, Coulter R, Ratneshwar S. Consumption Decisions Involving Goal Tradeoffs: The Impact of One Choice on Another [J]. Advances in Consumer Research, 2005, 32 (1): 206-211.

[124] Kahneman D, Snell J. Predicting a Changing Taste: Do People Know What They Will Like? [J]. Journal of Behavioral Decision Making, 1992, 5 (3): 187-200.

[125] Kahneman D, Tversky A. P Prospect Theory: An Analysis of Decision Under Risk [J]. Econometrica, 1979, 47 (2): 263-292.

[126] Kahneman D, Tversky A. The Psychology of Preferences [J]. Scientific American, 1982, 246 (1): 160-173.

[127] Kaicker A, Bearden W O, Manning K C. Component Versus Bundle Pricing: The Role of Selling Price Deviations from Price Expectations [J]. Journal of Business Research, 1995, 33 (3): 231-239.

[128] Kalwani M U, Narayandas N. Long-Term Manufacturer-Supplier Relationships: Do They Pay off for Supplier Firms? [J]. Journal of Marketing, 1995, 59 (1): 1-16.

[129] Kalyanaram G, Winer R S. Empirical Generalizations from Reference Price Research [J]. Marketing Science, 1995, 14 (3): 161-169.

[130] Kasulis J J, Morgan F W, Griffith D E, et al. Managing Trade Promotions in the Context of Market Power [J]. Journal of the Academy of Marketing Science, 1999 (27): 320-332.

[131] Kaufmann P J, Stern L W. Relational Exchange Norms, Perceptions of Unfairness, and Retained Hostility in Commercial Litigation [J]. Journal of Conflict Resolution, 1988, 32 (3): 534-552.

[132] Kemp S. Estimation of Past Prices [J]. Journal of Economic Psychology,

1987, 8 (2): 181-189.

[133] Khan R, Lewis M, Singh V. Dynamic Customer Management and the Value of One-to-One Marketing [J]. Marketing Science, 2009, 28 (6): 1063-1079.

[134] Khatri N, Tsang E, Begley T. Cronyism: A Cross-cultural Analysis [J]. Journal of International Business Studies, 2006, 37 (1): 61-75.

[135] Kim H M. The Effect of Salience on Mental Accounting: How Integration Versus Ssegregation of Payment Influences Purchase Decisions [J]. Journal of Behavioral Decision Making, 2006, 19 (4): 381-391.

[136] King G. Event Count Models for International Relations: Generalizations and Applications [J]. International Studies Quarterly, 1989, 33 (2): 123-147.

[137] Kotler P. A Generic Concept of Marketing [J]. Journal of Marketing, 1972, 36 (2): 46-54.

[138] Kotler P. Marketing Management (10th Edition) [M]. Beijing: Tsinghua University Press, 2001.

[139] Krishna A, Currim I S, Shoemaker R W. Consumer Perceptions of Promotional Activity [J]. Journal of Marketing, 1991, 55 (2): 4-16.

[140] Krishnamurthi L, Mazumdar T, Raj S P. Asymmetric Response to Price in Consumer Brand Choice and Purchase Quantity Decisions [J]. Journal of Consumer Research, 1992, 19 (3): 387-400.

[141] Ku G, Galinsky A D, Murnighan J K. Starting Low but Ending High: A Reversal of the Anchoring Effect in Auctions [J]. Journal of Personality and Social Psychology, 2006, 90 (6): 975-986.

[142] Lal R. Manufacturer Trade Deals and Retail Price Promotions [J]. Journal of Marketing Research, 1990, 27 (4): 428-444.

[143] LaPlaca P J, Katrichis J M. Relative Presence of Business-to-Business Research in the Marketing Literature [J]. Journal of Business-to-Business Marketing, 2009, 16 (1-2): 1-22.

[144] Laroche M, Pons F, Zgolli N, et al. Consumers use of Price Promotions: A Model and Its Potential Moderators [J]. Journal of Retailing and Consumer

Services, 2001, 8 (5): 251-260.

[145] Lattin J M, Bucklin R E. Reference Effects of Price and Promotion on Brand Choice Behavior [J]. Journal of Marketing Research, 1989, 26 (3): 299-310.

[146] Lee K, Wing-Chun L T. American Business People's Perceptions of Marketing and Negotiation in the People's Republic of China [J]. International Marketing Review, 1988, 5 (2): 41-51.

[147] Levav J, Mcgraw A P. Emotional Accounting: How Feelings about Money Influence Consumer Choice [J]. Journal of Marketing Research, 2009, 46 (1): 66-80.

[148] Liang A R-D, Lee C-L, Tung W. The Role of Sunk Costs in Online Consumer Decision-Making [J]. Electronic Commerce Research and Applications, 2014, 13 (1): 56-68.

[149] Lichtenstein S, Fischhoff B, Phillips L D. Calibration of Probabilities: The State of the Art to 1980 [M]//Kahneman D, Slovic P, Tversky A. Judgement under Uncertainty: Heuristics and Biases. Cambridge: Cambridge University Press, 1982: 306-334.

[150] Lichtenthal J D, Mummalaneni V. Commentary: Relative Presence of Business-to-Business Research in the Marketing Literature: Review and Future Directions [J]. Journal of Business-to-Business Marketing, 2009, 16 (1-2): 40-54.

[151] Lim S S. Do Investors Integrate Losses and Segregate Gains? Mental Accounting and Investor Trading Decisions [J]. The Journal of Business, 2006, 79 (5): 2539-2573.

[152] Lin L H. Cultural and Organizational Antecedents of Guanxi: The Chinese Cases [J]. Journal of Business Ethics, 2011, 99 (3): 441-451.

[153] Lin Y-T, Parlaktürk A K, Swaminathan J M. Are Strategic Customers Bad for a Supply Chain? [J]. Manufacturing & Service Operations Management, 2018, 20 (3): 481-497.

[154] Liu Y, Li Y, Zhang L. Control Mechanisms Across a Buyer-supplier Relationship Quality Matrix [J]. Journal of Business Research, 2010, 63 (1): 3-12.

[155] Liu Y, Luo Y, Liu T. Governing Buyer-Supplier Relationships through

Transactional and Relational Mechanisms: Evidence from China [J]. Journal of Operations Management, 2009, 27 (4): 294-309.

[156] Lopes L L. Between Hope and Fear: The Psychology of Risk [J]. Advances in Experimental Social Psychology, 1987 (20): 255-295.

[157] Lovett S, Simmons L C, Kali R. Guanxi Versus the Market: Ethics and Efficiency [J]. Journal of International Business Studies, 1999, 30 (2): 231-247.

[158] Luo Y, Chen M. Does Guanxi Influence Firm Performance? [J]. Asia Pacific Journal of Management, 1997, 14 (1): 1-16.

[159] Luo Y, Huang Y, Wang S L. Guanxi and Organizational Performance: A Meta-Analysis [J]. Management and Organization Review, 2012, 8 (1): 139-172.

[160] Luo Y, Liu Y, Xue J. Relationship Investment and Channel Performance: An Analysis of Mediating Forces [J]. Journal of Management Studies, 2009, 46 (7): 1113-1137.

[161] Macneil I R. The New Social Contract: An Inquiry into Modern Contractual Relations [M]. New Haven: Yale University Press, 1980.

[162] Martín-Herrán G, Sigué S P, Zaccour G. The Dilemma of Pull and Push-Price Promotions [J]. Journal of Retailing, 2010, 86 (1): 51-68.

[163] McKelvey B, Aldrich H. Populations, Natural Selection, and Applied Organizational Science [J]. Administrative Science Quarterly, 1983, 28 (1): 101-128.

[164] McNeill L. Sales promotion in Asia: Successful Strategies for Singapore and Malaysia [J]. Asia Pacific Journal of Marketing and Logistics, 2013, 25 (1): 48-69.

[165] Mela C F, Gupta S, Lehmann D R. The Long-Term Impact of Promotion and Advertising on Consumer Brand Choice [J]. Journal of Marketing Research, 1997, 34 (2): 248-261.

[166] Mela C F, Jedidi K, Bowman D. The Long-Term Impact of Promotions on Consumer Stockpiling Behavior [J]. Journal of Marketing Research, 1998, 35 (2): 250-262.

[167] Milkman K L, Beshears J. Mental Accounting and Small Windfalls: Evi-

dence from an Online Grocer [J]. Journal of Economic Behavior and Organization, 2009, 71 (2): 384-394.

[168] Moon P, Keasey K, Duxbury D. Mental Accounting and Decision Making: The Relationship between Relative and Absolute Savings [J]. Journal of Economic Behavior & Organization, 1999, 38 (2): 145-153.

[169] Morgan R M, Hunt S D. The Commitment-Trust Theory of Relationship Marketing [J]. Journal of Marketing, 1994, 58 (3): 20-38.

[170] Moriarty M. Retail Promotional Effects on Intra and Interbrand Sales Performance [J]. Journal of Retailing, 1985 (61): 27-47.

[171] Morwitz V G, Greenleaf E A, Johnson E J. Divide and Prosper: Consumers' Reactions to Partitioned Prices [J]. Journal of Marketing Research, 1998, 35 (4): 453-463.

[172] Mullahy J. Specification and Testing of Some Modified Count Data Models [J]. Journal of Econometrics, 1986, 33 (3): 341-365.

[173] Munro A, Sugden R. On the Theory of Reference-dependent Preferences [J]. Journal of Economic Behavior and Organization, 2003, 50 (4): 407-428.

[174] Murthi B P S, Rao R C. Price Awareness and Consumers' Use of Deals in Brand Choice [J]. Journal of Retailing, 2012, 88 (1): 34-46.

[175] Narayandas D, Rangan V K. Building and Sustaining Buyer-Seller Relationships in Mature Industrial Markets [J]. Journal of Marketing, 2004, 68 (3): 63-77.

[176] Nelson R, Winter S. An Evolutionary Theory of Economic Change [M]. Cambridge: Harvard Business School Press, 1982.

[177] Neslin S A, Henderson C, Quelch J. Consumer Promotions and the Accele-ration of Product Purchases [J]. Marketing Science, 1985, 4 (2): 147-165.

[178] Neslin S A, Powell S G, Stone L S. The Effects of Retailer and Consumer Response on Optimal Manufacturer Advertising and Trade Promotion Strategies [J]. Management Science, 1995, 41 (5): 749-766.

[179] Nunnally J C, Bernstein I H. Psychometric Theory [M]. New York:

McGraw-Hill, 1994.

[180] Obadia C, Vida I. Cross-border Relationships and Performance: Revisiting a Complex Linkage [J]. Journal of Business Research, 2010, 64: 467-475.

[181] Organ D W, Podsakoff P M, Podsakoff N P. Expanding the Criterion Domain to Include Organizational Citizenship Behavior: Implications for Employee Selection [M]//Zedeck S. APA Handbook of Industrial and Organizational Psychology, Vol. 2. Selecting and Developing Members for the Organization. New York: American Psychological Association, 2011: 281-323.

[182] Organ D W. Organizational Citizenship Behavior: It's Construct Clean-Up Time [J]. Human Performance, 1997, 10 (2): 85-97.

[183] Park S H, Luo Y. Guanxi and Organizational Dynamics: Organizational Networking in Chinese Firms [J]. Strategic Management Journal, 2001, 22 (5): 455-477.

[184] Parnell M F. Chinese Business Guanxi: An Organization or Non-Organization? [J]. Journal of Organisational Transformation & Social Change, 2005, 2 (1): 29-47.

[185] Pauwels K, Hanssens D M, Siddarth S. The Long-Term Effects of Price Promotions on Category Incidence, Brand Choice, and Purchase Quantity [J]. Journal of Marketing Research, 2002, 39 (4): 421-439.

[186] Payan J M, Obadia C, Reardon J, et al. Survival and Dissolution of Exporter Relationships with Importers: A Longitudinal Analysis [J]. Industrial Marketing Management, 2010, 39 (7): 1198-1206.

[187] Porter S S, Wiener J L, Frankwick G L. The Moderating Effect of Selling Situation on the Adaptive Selling Strategy-Selling Effectiveness Relationship [J]. Journal of Business Research, 2003, 54 (4): 275-281.

[188] Prelec D, Loewenstein G. The Red and the Black: Mental Accounting of Savings and Debt [J]. Marketing Science, 1998, 17 (1): 4-28.

[189] Putler D S. Incorporating Reference Price Effects into a Theory of Consumer Choice [J]. Marketing Science, 1992, 11 (3): 287-309.

[190] Quelch J A, Harding D. Brands Versus Private Labels: Fighting to Win [J]. Harvard Business Review, 1996, 74 (1): 99-109.

[191] Raghubir P, Corfman K. When Do Price Promotions Affect Pretrial Brand Evaluations? [J]. Journal of Marketing Research, 1999, 36 (2): 211-222.

[192] Rajagopal P, Rha J-Y. The Mental Accounting of Time [J]. Journal of Economic Psychology, 2009, 30 (5): 772-781.

[193] Raju J S, Srinivasan V, Lal R. The Effects of Brand Loyalty on Competitive Price Promotional Strategies [J]. Management Science, 1990, 36 (3): 276-304.

[194] Ramaswami S N, Srinivasan S S. Analyzing the Impact of Promotions on Manufacturer and Retailer Performance: A Framework for Cooperative Promotional Strategy [J]. Journal of Marketing Channels, 1998, 6 (3/4): 131-145.

[195] Rao R C, Arjunji R V, Murthi B P S. Game Theory and Empirical Genera-lizations Concerning Competitive Promotions [J]. Marketing Science, 1995, 14 (3): 89-100.

[196] Rindfleisch A, Heide J B. Transaction Cost Analysis: Past, Present, and Future Applications [J]. Journal of Marketing, 1997, 61 (4): 30-54.

[197] Rogers E M. Diffusion of innovations [M]. New York: Free Press, 1995.

[198] Rossiter J R. A Critique of Prospect Theory and Framing with Particular Reference to Consumer Decisions [J]. Journal of Consumer Behaviour: An International Research Review, 2019, 18 (5): 399-405.

[199] Rosson P J. Time Passages: The Changing Nature of Manufacturer-Overseas Distributor Relations in Exporting [J]. Industrial Marketing and Purchasing, 1986, 1 (2): 48-64.

[200] Ryu S, Aydin N, Noh J. A Cross-national Study of Manufacturer's Power Structures and Control Mechanisms: The Moderating Effect of Group Orientation Culture [J]. Industrial Marketing Management, 2008, 37 (7): 758-766.

[201] Ryu S, Kabadayi S, Chung C. The Relationship Between Unilateral and Bilateral Control Mechanisms: The Contextual Effect of Long-term Orientation [J].

Journal of Business Research, 2007, 60 (7): 681-689.

[202] Sagi J S. Anchored Preference Relations [J]. Journal of Economic Theory, 2006, 130 (1): 283-295.

[203] Saint-Paul G. Technological Choice, Financial Markets and Economic Development [J]. European Economic Review, 1992, 36 (4): 763-781.

[204] Samuelson W, Zeckhauser R. Status Quo Bias in Decision Making [J]. Journal of Risk and Uncertainty, 1988, 1 (1): 7-59.

[205] Schindler R M, Morrin M, Bechwati N N. Shipping Charges and Shipping-charge Skepticism: Implications for Direct Marketers' Pricing Formats [J]. Journal of Interactive Marketing, 2005, 19 (1): 41-53.

[206] Schurr P H, Ozanne J L. Influences on Exchange Processes: Buyers' Preconceptions of a Seller's Trustworthiness and Bargaining Toughness [J]. Journal of Consumer Research, 1985, 11 (4):939-953.

[207] Schweitzer M E. The Construction of Mental Accounts in Benefits Decision Making [J]. Benefits Quarterly, 1999, 15 (1): 52-56.

[208] Shafir E, Thaler R H. Invest Now, Drink Later, Spend Never: On the Mental Accounting of Delayed Consumption [J]. Journal of Economic Psychology, 2006, 27 (5): 694-712.

[209] Shefrin H M, Thaler R H. The Behavioral Life-Cycle Hypothesis [J]. Economic Inquiry, 1988, 26 (4): 609-643.

[210] Shefrin H, Statman M. Behavioral Capital Asset Pricing Theory [J]. The Journal of Financial and Quantitative Analysis, 1994, 29 (3): 323-349.

[211] Shefrin H, Statman M. Behavioral Portfolio Theory [J]. Journal of Financial and Quantitative Analysis, 2000, 35 (2): 127-151.

[212] Shefrin H, Statman M. The Disposition to Sell Winners too Early and Ride Losers too Long: Theory and Evidence [J]. The Journal of Finance 1985, 40 (3): 777-790.

[213] Shefrin H. Beyond Greed and Fear: Understanding Behavioral Finance and the Psychology of Investing [M]. New York: Oxford Academic, 2002.

[214] Shiller, R. Irrational Exuberance [M]. Princeton: Princeton University Press, 2000.

[215] Shin Y, Ko C S, Moon I. Optimal Start Time of a Markdown Sale under a Two-Echelon Inventory System [J]. International Transactions in Operational Research, 2022, 29 (1): 600-623.

[216] Shoemaker R. An Analysis of Consumer Reactions to Product Promotions [Z]. Educators' Conference Proceedings. Chicago: American Marketing Association, 1979: 244-248.

[217] Shore L M, Tetrick L E, Lynch P, et al. Social and Economic Exchange: Construct Development and Validation [J]. Journal of Applied Psychology, 2006, 36 (4): 837-867.

[218] Shou Z G, Guo R, Zhang Q, et al. The Many Faces of Trust and Guanxi Behavior: Evidence from Marketing Channels in China [J]. Industrial Marketing Management, 2011, 40 (4): 503-509.

[219] Sigué S P. Consumer and Retailer Promotions: Who is Better off? [J]. Journal of Retailing, 2008, 84 (4): 449-460.

[220] Sijtsma K. On the Use, the Misuse, and the Very Limited Usefulness of Cronbach's Alpha [J]. Psychometrika, 2009, 74 (1): 107-120.

[221] Simonson I, Drolet A. Anchoring Effects on Consumers? Willingness Oay and Willingness Accept [J]. Journal of Consumer Research, 2004, 31 (3): 681-690.

[222] Slovic P, Lichtenstein S. Comparison of Bayesian and Regression Approaches to the Study of Information Processing in Judgment [J]. Organizational Behavior and Human Performance, 1971, 6 (6): 649-744.

[223] Soman D, Gourville J T. Transaction Decoupling: How Price Bundling Affects the Decision to Consume [J]. Journal of Marketing Research, 2001, 38 (1): 30-44.

[224] Soman D. The Mental Accounting of Sunk Time Costs: Why Time is not Like Money [J]. Journal of Behavioral Decision Making, 2001, 14 (3): 169-185.

[225] Srinivasan S, Pauwels K, Hanssens D M, Dekimpe M G. Do Promotions Benefit Manufacturers, Retailers, or Both? [J]. Management Science, 2004, 50 (5): 617-629.

[226] Srinivasan S, Pauwels K, Hanssens D, et al. Who Benefits from Price Promotions? [J]. Harvard Business Review, 2002, 80 (9): 41-48.

[227] Strough J, Schlosnagle L, Karns T, et al. No Time to Waste: Restricting Life-Span Temporal Horizons Decreases the Sunk-Cost Fallacy [J]. Journal of Behavioral Decision Making, 2014, 27 (1): 78-94.

[228] Styles C, Ambler T. The Coexistence of Transaction and Relational Marketing: Insights from the Chinese Business Context [J]. Industrial Marketing Management, 2003, 32 (8): 633-642.

[229] Sugden R. Reference-dependent Subjective Expected Utility [J]. Journal of Economic Theory, 2003, 111 (2): 172-191.

[230] Thaler R H. Mental Accounting and Consumer Choice [J]. Marketing Science, 1985, 4 (3): 199-214.

[231] Thibaut J W, Kelley H H. The Social Psychology of Groups [M]. New York: John Wiley, 1959.

[232] Timothy D J, Butler R W. Cross-Boder Shop: A North American Perspective [J]. Annals of Tourism Research, 1995, 22 (1): 16-34.

[233] Timothy D J. Shopping Tourism, Retailing and Leisure [M]. Bristol: Channel View Publications, 2005.

[234] Tong C K, Yong P K. Guanxi Bases, Xinyong and Chinese Business Networks [M] //Tong C K. Chinese Business. Singapore: Springer, 2014: 41-61.

[235] Tversky A, Kahneman D. Advances in Prospect Theory: Cumulative Representation of Uncertainty [J]. Journal of Risk and Uncertainty, 1992, 5 (4): 297-323.

[236] Tversky A, Kahneman D. Judgement under Uncertainty: Heuristics and Biases [J]. Science, 1974, 185 (4157): 1124-1131.

[237] Tversky A, Kahneman D. The Framing of Decisions and the Psychology of Choice [J]. Science, 1981, 211 (4481): 453-458.

[238] Tversky A, Shafir E. The Disjunction Effect in Choice under Uncertainty [J]. Psychological Science, 1992, 3 (5): 305-310.

[239] Tähtinen J. The Process of Business Relationship Ending-Its Stages and Actors [J]. Journal of Market-Focused Management, 2002 (5): 331-353.

[240] Uzzi B. Social Structure and Competition in Interfirm Networks: The Paradox of Embeddedness [J]. Administrative Science Quarterly, 1997, 42 (1): 35-67.

[241] Valette-Florence P, Guizani H, Merunka D. The Impact of Brand Personality and Sales Promotions on Brand Equity [J]. Journal of Business Research, 2011, 64 (1): 24-28.

[242] Von Neumann J, Morgenstern O. Theory of Games and Economic Behaviour [M]. Princeton: Princeton University Press, 1944.

[243] Walters R G, Rinne H J. An Empirical-Investigation into the Impact of Price Promotions on Retail Store Performance [J]. Journal of Retailing, 1986: 237-266.

[244] Wang C L. Guanxi vs. Relationship Marketing: Exploring Underlying Differences [J]. Industrial Marketing Management, 2007, 36 (1): 81-86.

[245] Ward R W, Davis J E. A Pooled Cross-Section Time Series Model of Coupon Promotions [J]. American Journal of Agricultural Economics, 1978, 60 (3): 393-401.

[246] Wathne K H, Biong H, Heide J B. Choice of Supplier in Embedded Markets: Relationship and Marketing Program Effects [J]. Journal of Marketing, 2001, 65 (2): 54-66.

[247] Wathne K H, Heide J B. Managing Marketing Relationships Through Qualification and Incentives [D]. Marketing Science Institute Working Paper Report, 2006.

[248] Webster F E. The Changing Role of Marketing in the Corporation [J]. Journal of Marketing, 1992, 56 (4): 1-17.

[249] Weitz B A, Jap S D. Relationship Marketing and Distribution Channels [J]. Journal of the Academy of Marketing Science, 1995, 23 (4): 305-320.

[250] Wilson E J, Woodside A G. Executive and Consumer Decision Processes:

Increasing Useful Sensemaking by Identifying Similarities and Departures [J]. Journal of Business and Industrial Marketing, 2001, 16 (5): 401-414.

[251] Wong Y H, Chan R Y. Relationship Marketing in China: Guanxi, Favouritism and Adaptation [J]. Journal of Business Ethics, 1999, 22 (2): 107-118.

[252] Woo K, Ennew C T. Business-to-Business Relationship Quality: An IMP Interaction-based Conceptualization and Measurement [J]. European Journal of Marketing, 2004, 38 (9/10): 1252-1271.

[253] Xia L, Monroe K B. Price Partitioning on the Internet [J]. Journal of Interactive Marketing, 2004, 18 (4): 63-73.

[254] Yang K S. Chinese Social Orientation: An Integrative Analysis [M]//Lin T Y, Tseng W S, Yeh Y K. Chinese Societies and Mental Health. Hong Kong: Oxford University Press, 1995: 19-39.

[255] Yang K-S, Yue D-H, Wu E-C. Normal and Delinquent Syndromes of Chinese Youth in Taiwan: Quantitative Differentiation and Psycological Profiles [J]. Proceedings of National Science Council, 1991, 1 (2): 260-279.

[256] Yang K. Indigenized Conceptual and Empirical Analyses of Selected Chinese Psychological Characteristics [J]. International Journal of Psychology, 2006, 41 (4): 298-303.

[257] Yen D A, Barnes B R. Analyzing Stage and Duration of Anglo-Chinese Business-to-Business Relationshios [J]. Industrial Marketing Management, 2011, 40 (3): 346-357.

[258] Yeshin T. Sales Promotion [M]. London: Thomson Learning, 2006.

[259] Yoo B, Donthu N, Lee S. An Examination of Selected Marketing Mix Elements and Brand Equity [J]. Journal of the Academy of Marketing Science, 2000, 28 (2): 195-211.

[260] Young J A, Merritt N J. Marketing Channels: A Content Analysis of Recent Research, 2010-2012 [J]. Journal of Marketing Channels, 2013, 20 (3-4): 224-238.

[261] Yum J O. The Impact of Confucianism on Interpersonal Relationships and

Communication Patterns in East Asia [J]. Communication Monographs, 1988, 55 (4): 374-388.

[262] Zeileis A, Kleiber C, Jackman S. Regression Models for Count Data in R [J]. Journal of Statistical Software, 2008, 27 (8): 1-25.

[263] Zeithaml V A. Consumer Perceptions of Price, Quality, and Value: A Means-End Model and Synthesis of Evidence [J]. Journal of Marketing, 1988, 52 (3): 2-22.

[264] Zhang C, Tian Y X, Fan Z P, et al. Product Sales Forecasting Using Macroeconomic Indicators and Online Reviews: A Method Combining Prospect Theory and Sentiment Analysis [J]. Soft Computing, 2020 (24): 6213-6226.

[265] Zhang J Z, Netzer O, Ansari A. Dynamic Targeted Pricing in B2B Relationships [J]. Marketing Science, 2014, 33 (3): 317-337.

[266] Zhang Y, Zhang Z. Guanxi and Organizational Dynamics in China: A Link Between Individual and Organizational Levels [J]. Journal of Business Ethics, 2006 (67): 375-392.

[267] Zhu R J, Chen X J, Dasgupta S. Can Trade-Ins Hurt You? Exploring the Effect of a Trade-In on Consumers' Willingness to Pay for a New Product [J]. Journal of Marketing Research, 2008, 45 (2): 159-170.

[268] Zhuang G, Zhou N. The Relationship between Power and Dependence in Marketing Channels: A Chinese Perspective [J]. European Journal of Marketing, 2004, 38 (5/6): 675-693.

[269] Zoellner F, Schaefers T. Do Price Promotions Help or Hurt Premium-product Brands? The Impact of Different Price-promotion Types on Sales and Brand Perception [J]. Journal of Advertising Research, 2015, 55 (3): 270-283.

[270] 宝贡敏, 刘枭. 关系理论研究述评 [J]. 技术经济, 2008, 27 (4): 109-115.

[271] 陈维政, 任晗. 人情关系和社会交换关系的比较分析与管理策略研究 [J]. 管理学报, 2015, 12 (6): 789-798.

[272] 陈薛, 张纪会. 生鲜类产品的订货与促销联合决策研究 [J]. 青岛大

学学报（工程技术版），2016，31（1）：104-108.

[273] 陈长明. 谈企业促销执行力的提高 [J]. 湖南商学院学报，2002，9（2）：19-20.

[274] 程华. 现代 SP——展览业发展的思考 [J]. 商业研究，1997（8）：7-9.

[275] 褚宏睿，冉伦，张冉，等. 基于前景理论的报童问题：考虑回购和缺货惩罚 [J]. 管理科学学报，2015，18（12）：47-57.

[276] 丁川，侯甜甜，刘慧茜. 基于公平偏好的营销渠道促销费用分担机制 [J]. 系统管理学报，2013，22（3）：317-326.

[277] 丁若宸，戴更新，韩广华，等. 回购对损失厌恶型零售商订货量的影响 [J]. 青岛大学学报（自然科学版），2015，28（1）：91-93+99.

[278] 董伶俐. 呈现框架与消费者选择：消费者知识与促销的作用——以延保产品为例 [J]. 经济经纬，2012（6）：97-100.

[279] 菲利普·科特勒. 营销管理 [M]. 梅汝和，梅清豪，周安柱，译. 北京：中国人民大学出版社，2001.

[280] 费孝通. 江村经济 [M]. 南京：江苏人民出版社，1986.

[281] 费孝通. 乡土中国与乡土重建 [M]. 台北：风云时代出版公司，1993.

[282] 韩睿，田志龙. 促销类型对消费者感知及行为意向影响的研究 [J]. 管理科学，2005，18（2）：85-91.

[283] 韩睿. 西方促销研究及启示 [J]. 华东经济管理，2005，19（5）：102-105.

[284] 韩巍，席酉民. 关系：中国商业活动的基本模式探讨 [J]. 西北大学学报（哲学社会科学版），2001，31（1）：43-47.

[285] 郝辽钢，高充彦，贾建民. 价格折扣呈现方式对促销效果影响的实证研究 [J]. 管理世界，2008（10）：106-114+126.

[286] 郝辽钢. 企业促销活动如何影响消费者行为：理论综述 [J]. 华东经济管理，2008，22（4）：132-136.

[287] 胡宝芬. 促销中的"参与意识"[J]. 经营与管理，1994（5）：48.

[288] 胡维平. 论激励理论在销售促进中的应用 [J]. 上海财经大学学报，2002，4（3）：26-31.

[289] 黄崇铭，戴烽. 网络口碑传播与数码产品销售研究［J］. 商业研究，2010（7）：189-192.

[290] 黄崇铭. 两岸华人社会"关系"营销探究［D］. 中国人民大学博士学位论文，2010.

[291] 黄光国. 人情与面子：中国人的权力游戏［M］. 北京：中国人民大学出版社，1985.

[292] 黄光国. 儒家关系主义：哲学反思、理论建构与实证研究［M］. 台北：心理出版社，2009.

[293] 黄光国. 中国人的权力游戏［M］. 台北：巨流图书公司，1988.

[294] 黄小原，卢震，张哲. 供应链中委托代理模型及其促销策略［J］. 东北大学学报（自然科学版），2002，23（1）：79-82.

[295] 恢光平，滕堃. 从博弈论看营销渠道成员的激励与控制［J］. 江苏商论，2003（12）：55-56.

[296] 江明华，董伟民. 价格促销频率对品牌资产的影响研究［J］. 管理世界，2003（7）：144-146.

[297] 金耀基. 关系和网络的建构：一个社会学的诠释［J］. 二十一世纪双月刊，1992（12）：143-157.

[298] 寇小萱，卜祥峰. 在线定制旅游产品创新对消费者购买意愿的影响——基于感知风险的视角［J］. 中北大学学报（社会科学版），2021，37（2）：65-71.

[299] 乐云，韦金凤，王森浩. "关系"对承包商绩效、项目绩效影响的实证研究［J］. 工程管理学报，2015，29（6）：1-5.

[300] 雷大章. 价格促销策略对耐用消费品更新购买行为的影响研究［J］. 电子商务，2010（10）：19-20.

[301] 李爱梅，郝玫，李理，等. 消费者决策分析的新视角：双通道心理账户理论［J］. 心理科学进展，2012（11）：1709-1717.

[302] 李爱梅，凌文辁，刘丽虹. 不同的优惠策略对价格感知的影响研究［J］. 心理科学，2008，31（2）：457-460.

[303] 李爱梅，凌文辁. 心理账户的非替代性及其运算规则［J］. 心理科

学，2004，27（4）：952-954.

[304] 李爱梅，凌文辁. 心理账户与薪酬激励效应的实验研究［J］. 暨南学报（哲学社会科学版），2009，31（1）：80-87.

[305] 李昌文，周永务，陈武，等. 过度自信零售商广告费用和订货量的联合决策［J］. 中国科学技术大学学报，2014，44（6）：523-530.

[306] 李新军，康建群. 前景理论框架下基于期望的损失厌恶报童博弈［J］. 工业技术经济，2016，35（1）：36-45.

[307] 李渊，曲世友. 关系营销视角下校企知识创新联盟稳定性研究［J］. 预测，2020，39（2）：10-18.

[308] 梁冬寒，李刚，孙林岩. 基于确定性效应的推式和拉式价格促销研究［J］. 运筹与管理，2012，21（2）：126-132.

[309] 廖成林，刘中伟. 渠道管理中的厂商与分销商的博弈分析［J］. 重庆大学学报（自然科学版），2003，26（2）：141-144.

[310] 林美燕，马利军，汪岚等. 供应不确定环境下考虑消费者思考行为的供应链订货定价决策研究［J］. 管理工程学报，2022，36（5）：247-256.

[311] 刘林青，梅诗晔. 管理学中的关系研究：基于SSCI数据库的文献综述［J］. 管理学报，2016，13（4）：613-623.

[312] 刘琳，王玖河. 基于演化博弈的顾客知识共享决策行为研究［J］. 科研管理，2022，43（2）：149-159.

[313] 刘顺忠. 关系营销在顾客主导自助服务体验中的作用机制［J］. 经济经纬，2018，35（6）：107-113.

[314] 刘铁明. 关系营销与传统营销观念之比较［J］. 税务与经济（长春税务学院学报），1998（3）：57-59+73.

[315] 刘婷，卜正学，王赣华. 基于消费者心理因素与行为模式的品牌选择模型研究［J］. 企业经济，2015（7）：35-39.

[316] 刘星原. 大型零售商店降价促销的深层思考［J］. 价格与市场，1997（8）：28-29.

[317] 刘咏梅，彭民，李立. 基于前景理论的订货问题［J］. 系统管理学报，2010，19（5）：481-490.

[318] 刘云，郑如霞．促销负效应防范浅析 [J]．商业研究，2000 (6)：144-146.

[319] 卢长宝，秦琪霞，林颖莹．虚假促销中消费者购买决策的认知机制：基于时间压力和过度自信的实证研究 [J]．南开管理评论，2013，16 (2)：92-103.

[320] 卢长宝．企业销售促进行为研究 [J]．东南学术，2003 (6)：38-43.

[321] 吕威．对策论和促销竞争措施的经验总结 [J]．管理科学文摘，1997 (1)：23.

[322] 马伯钧，康红燕．行为消费理论述评 [J]．湖南师范大学社会科学学报，2013，42 (3)：101-107.

[323] 马绝尘．会员制促销的方法、实例和技巧 [J]．华东经济管理，2002，16 (5)：123-125.

[324] 戚译，李文娟．自我概念归因与炫耀性消费行为关系的实证研究 [J]．技术经济，2009，28 (4)：118-122.

[325] 邱玉敏，李新路．投资者决策中的"框架依赖效应" [J]．统计与决策，2008 (23)：134-136.

[326] 沙颖，陈圻，郝亚．关系质量、关系行为与物流外包绩效——基于中国制造企业的实证研究 [J]．管理评论，2015，27 (3)：185-196.

[327] 宋书楠，董大海，刘瑞明．关系营销中顾企关系层面研究——兼论服务性企业个人关系对顾客承诺影响机理 [J]．当代经济管理，2012，34 (1)：31-35.

[328] 宋晓兵，赵诗雨，栾冬晖．价格比较对消费者感知面子的影响研究 [J]．预测，2016，35 (5)：16-22.

[329] 孙勇，于滢．高档百货商场价格促销工具对消费者购买行为的影响研究 [J]．中国市场，2015 (6)：59-60.

[330] 汤健，张红．公司并购中的禀赋效应及其对并购溢价的影响 [J]．清华大学学报（自然科学版），2021，61 (6)：565-572.

[331] 唐小飞，周庭锐，贾建民．CRM赢回策略对消费者购买行为影响的实证研究 [J]．南开管理评论，2009，12 (1)：57-63.

[332] 唐云. 社交网络时代"粉丝经济"的关系营销模式及策略 [J]. 商业经济研究, 2020 (23): 96-98.

[333] 田华伟. 基于客户关系营销策略的现代化农机管理系统设计 [J]. 农机化研究, 2020, 42 (2): 243-246.

[334] 涂科. 在线促销方式和购买意愿的调节变量研究 [J]. 中国商贸, 2014 (9): 178-180.

[335] 汪涛, 崔楠, 杨奎. 顾客参与对顾客感知价值的影响: 基于心理账户理论 [J]. 商业经济与管理, 2009 (11): 81-88.

[336] 王国才, 陶鹏德. 零售商主导下的制造商竞争与营销渠道联合促销研究 [J]. 管理学报, 2009, 6 (9): 1231-1235.

[337] 王钰淇, 臧凯. 价格促销研究综述与展望 [J]. 中国市场, 2015 (44): 10-12.

[338] 韦荷琳, 冯仁民, 唐晓娴. 线上商品降价幅度对网络促销效果的影响研究——基于次优价格双层调节效应的分析 [J]. 价格理论与实践, 2020 (10): 119-122+178.

[339] 卫海英, 骆紫薇. 中国的服务企业如何与顾客建立长期关系? 企业互动导向、变革型领导和员工互动响应对中国式顾客关系的双驱动模型 [J]. 管理世界, 2014 (1): 105-119.

[340] 魏宇, 高隆昌. 关系营销中各类关系市场重要性排序分析 [J]. 科学学与科学技术管理, 2001, 22 (9): 56-59.

[341] 吴晓涵. 心理帐户视角下数字支付对我国家庭消费的影响机制 [J]. 商业经济研究, 2022 (1): 64-67.

[342] 武瑞娟, 王承璐, 杜立婷. 沉没成本、节俭消费观和控制动机对积极消费行为影响效应研究 [J]. 南开管理评论, 2012, 15 (5): 114-128+151.

[343] 谢勇, 孟楚, 王红卫. 过度自信的报童模型研究 [J]. 工业工程, 2013, 16 (4): 38-43.

[344] 徐建忠. 基于顾客消费行为的营销渠道激励机制研究 [D]. 华中科技大学博士学位论文, 2007.

[345] 许民利, 周依. 基于行为运作的供应链牛鞭效应研究综述 [J]. 北京

理工大学学报（社会科学版），2013，15（5）：43-51.

[346] 杨国枢. 中国人的社会取向：社会互动的观点［M］//杨国枢，余安邦. 中国人的心理与社会行为—理念及方法篇. 台北：桂冠出版社，1993.

[347] 杨桦. 从财务分析看"降价促销"的利弊［J］. 商业经济研究，1997（9）：34-35.

[348] 杨洋，杨锐，薛骄龙，等. 网店虚假促销对竞争网店溢出效应的影响研究——社交距离的调节作用［J］. 商业经济与管理，2017（7）：53-62.

[349] 杨中芳，彭泗清. 中国人人际信任的概念化：一个人际关系的观点［J］. 社会学研究，1999（2）：3-23.

[350] 尹洪娟，周庭锐，贾志永. 基于交易结束的关系对权力影响的实证研究［J］. 管理科学，2008，21（3）：31-42.

[351] 余嘉明，刘洁. 捆绑销售中的价格策略研究——心理账户理论的运用［J］. 管理现代化，2004（5）：4-7.

[352] 禹海波，王晓微. 过度自信和需求不确定性对库存系统的影响［J］. 控制与决策，2014（10）：1893-1898.

[353] 张超，张鹏. 需求依赖销售努力情形下过度自信零售商的决策［J］. 技术经济，2016，35（5）：112-117.

[354] 张闯. 交换与营销观念：一个营销理论的整合模型［J］. 河北经贸大学学报，2008，29（3）：59-67.

[355] 张华，李莉，朱星圳，等. 网络购物平台最优价格促销策略：价格折扣还是现金券？［J］. 中国管理科学，2022，30（10）：130-141.

[356] 张全成，胡韬，周庭锐. 基于展望理论的企业定价策略研究［J］. 价格月刊，2012（2）：10-14.

[357] 张荣华. 厂商联营促销效果好［J］. 商业经济研究，1994（3）：48-49.

[358] 张素丽. 零售业态的市场变化和比较分析［J］. 商业经济研究，1998（3）：55-57.

[359] 张晓洁，王海珍. 中国文化背景下管理中的"关系"研究综述［J］. 管理学报，2014，11（7）：1087-1094.

[360] 张宇，丁雪超，杜建刚. 产品类型与赠品关联度对促销评价的影响研

究［J］. 软科学，2019，33（12）：133-138.

［361］张黎，范亭亭，王文博. 降价表述方式与消费者感知的降价幅度和购买意愿［J］. 南开管理评论，2007，10（3）：19-28.

［362］赵保国，胡梓娴. 网络促销方式对消费者购买意愿的影响机制研究［J］. 北京邮电大学学报（社会科学版），2016，18（2）：31-38.

［363］赵宏霞，刘岩峰. 关系营销、网店声誉对B2C电子商务交易信任的影响［J］. 软科学，2013，27（8）：80-84.

［364］赵心依. 竞争性供应链定价与促销决策研究——基于B2C电子商务平台下价格竞争的情形分析［J］. 价格理论与实践，2020（5）：121-124.

［365］钟琦，曲冠桥，唐加福. O2O外卖价格促销策略对消费者购买意愿的影响研究［J/OL］. 中国管理科学，1-14，2022-09-13［2023-12-15］. https：//doi.org/10.16381/j.cnki.issn1003-207x.2021.2164.

［366］周静，徐富明，刘腾飞，等. 心理账户基本特征的影响因素［J］. 心理科学进展，2011，19（1）：124-131.

［367］周筱莲，孙峻，庄贵军. 关系营销理论在中国的几种观点之比较研究［J］. 西安财经学院学报，2016，29（3）：60-67.

［368］周艳菊，应仁仁，陈晓红，等. 基于前景理论的两产品报童的订货模型［J］. 管理科学学报，2013，16（11）：17-29.

［369］周叶，张孟晓，何慧. 促销时考虑不同效应系数的电商企业订货决策分析［J］. 物流科技，2016，39（11）：19-22+27.

［370］周茵，庄贵军，崔晓明. 关系营销导向对营销渠道中企业间关系质量的影响：跨组织人际关系的中介作用［J］. 预测，2011，30（2）：28-33.

［371］周茵，庄贵军，杨伟. 企业间关系质量：渠道影响策略的权变模型［J］. 商业经济与管理，2016（7）：23-32.

［372］周永务，刘哲睿，郭金森，等. 基于报童模型的过度自信零售商的订货决策与协调研究［J］. 运筹与管理，2012，21（3）：62-66.

［373］庄贵军，席酉民. 关系营销在中国的文化基础［J］. 管理世界，2003（10）：98-109.

［374］庄贵军，席酉民. 中国营销渠道中私人关系对渠道权力使用的影响

[J]. 管理科学学报, 2004, 7 (6): 52-62.

[375] 庄贵军. 关系在中国的文化内涵: 管理学者的视角 [J]. 当代经济科学, 2012a (1): 18-29+45.

[376] 庄贵军. 营销渠道中的人际关系与跨组织合作关系: 概念与模型 [J]. 商业经济与管理, 2012b (1): 25-33.

[377] 庄贵军. 关于关系营销的几个问题——兼与林有成先生商榷 [J]. 企业销售, 1997 (6): 48-49.